SCHEMA E TECNOLOGIE
PER LA REALIZZAZIONE
DI UN SISTEMA DI VOTO ELETTRONICO
PER LE ELEZIONI PUBBLICHE
ATTRAVERSO INTERNET

Vincenzo G. Calabrò

SCHEMA E TECNOLOGIE PER LA
REALIZZAZIONE DI UN SISTEMA DI
VOTO ELETTRONICO PER LE ELEZIONI
PUBBLICHE ATTRAVERSO INTERNET
Autore: Vincenzo G. Calabrò

2004 © Lulu Editore

ISBN 978-1-4461-2413-0

Novembre 2010 Seconda edizione

Distribuito e stampato da:
Lulu Press, Inc.
3101 Hillsborough Street
Raleigh, NC 27607
USA

Indice.

"SCHEMA E TECNOLOGIE PER LA REALIZZAZIONE DI UN SISTEMA DI VOTO ELETTRONICO PER LE ELEZIONI PUBBLICHE ATTRAVERSO INTERNET".

Formulazione del problema.

Introduzione e Motivazioni.

Dalla IX legislatura sono state depositate in Parlamento numerose proposte di legge che prevedono l'introduzione di sistemi di voto e di scrutinio elettronico nelle consultazioni elettorali nazionali e locali, politiche e referendarie.

Vi è nel paese, e all'interno del Parlamento, una convinzione ampiamente condivisa e prevalente circa l'esigenza di "automatizzare", con il supporto di tecnologie informatiche, operazioni che, con l'attuale sistema, sono esposte ad un altissimo rischio di errore e manipolazione.

Ad ogni elezione, le polemiche ricorrenti e fondate sulle irregolarità e contraddizioni riscontrate nei verbali degli uffici di sezione, che "trattano" dati posti esclusivamente su supporto cartaceo, confermano l'impressione che, con le attuali procedure, non è possibile garantire un completo ed assoluto controllo sulle operazioni di voto.

D'altra parte, è sempre meno fondato il timore circa la presunta "complessità" di un sistema di voto elettronico, che, sino ad oggi, ha impedito l'introduzione nel nostro ordinamento delle procedure di voto in uso in molti paesi democratici. Al contrario un sistema elettronico sarebbe determinante proprio per semplificare e rendere immediatamente comprensibile agli elettori le modalità di voto, e per ridurre i margini di errore e di invalidazione: basti pensare al fatto che la semplice sostituzione della scheda cartacea con una scheda video consentirebbe di "guidare" gli elettori nei diversi passaggi (complicati, in Italia, dall'estrema complessità dei sistemi elettorali), e di offrire loro la possibilità di una immediata verifica delle operazioni compiute. Ancora più evidenti sono i vantaggi che conseguirebbero dall'introduzione di un sistema di scrutinio completamente elettronico, che affiderebbe ai componenti degli uffici di sezione il compito, loro proprio, di vigilare sulla correttezza delle procedure di voto, senza obbligarli a sostituirsi, nel "trattamento" e nel "conteggio " delle informazioni, ad elaboratori più rapidi, precisi ed affidabili.

Se si riflette con attenzione, infatti, si nota come le consultazioni elettorali e referendarie siano ormai le sole occasioni in cui, nella vita civile italiana, centinaia di milioni di "dati" sono trattati - in prima istanza - esclusivamente "a mano" ed in pochissime ore; costituiscono dunque, a tutti gli effetti, un "anomalia" a cui è necessario porre tempestivamente rimedio.

L'introduzione del sistema di voto elettronico in tutte le consultazioni elettorali e referendarie consiste:

- nell'individuazione del sistema e degli apparati tecnici atti a soddisfare alcune condizioni di "sicurezza";

- a garantire la possibilità del "voto a distanza" per gli elettori che, alla data della consultazione, si trovino al di fuori del comune di residenza;

- la possibilità, secondo un principio già presente nel nostro ordinamento, di consegnare agli elettori i certificati elettorali nella forma di documento informatico inviato per via telematica.

Oggi, il diritto di partecipazione alla vita politica è pregiudicato, in maniera obiettivamente intollerabile, da procedure farraginose e da vincoli burocratici che non hanno, letteralmente, alcuna ragione di esistere, e che moltiplicano i costi per i cittadini e per le amministrazioni pubbliche: il sistema di vidimazione dei moduli, di autenticazione delle firme, di certificazione delle sottoscrizioni, di verifica e di controllo della correttezza delle operazioni è oggi affidato unicamente ad un "movimento fisico" di carte e persone, quando sarebbe possibile - come già avviene per complicatissime operazioni economiche e finanziarie, che parimenti necessitano di procedure di controllo certe ed affidabili - ricorrere al semplice "movimento telematico" di informazioni.

Dall'analisi del problema del voto elettronico emerge immediatamente che le procedure di voto elettronico devono assolutamente far fronte alle seguenti caratteristiche:

1) tutelare la segretezza del voto;

2) garantire la chiarezza e comprensibilità del sistema di voto, al fine di consentirne l'utilizzo a tutti i cittadini elettori;

3) assicurare che tutte le operazioni di voto e di scrutinio si svolgano in forma automatizzata, senza alcun ricorso a supporti cartacei, al fine di impedire la contraffazione o l'annullamento delle indicazioni di voto, o di parte della documentazione elettorale;

4) garantire la possibilità del voto a distanza per gli elettori che, alla data della consultazione, si trovino al di fuori del comune di residenza;

5) abbassare i tempi ed i costi della macchina elettorale.

Criteri guida.

Per far fronte a queste esigenze si stabiliscono due criteri guida su cui viene improntato lo studio di questo progetto:

- l'utilizzo di soluzioni open source,

- l'alta modularità del sistema.

Utilizzo di soluzioni Open Source.

Il mercato di soluzioni per consentire il voto elettronico è esploso già da parecchio tempo, molte aziende hanno visto un enorme profitto offerto dal settore pubblico, per cui si sono viste proliferare numerose offerte di prodotti e servizi ad esso legato.

Si è discusso notevolmente su i pregi del voto elettronico sia on-line che off-line, e oltretutto sulla validità delle tecnologie da impiegare. Potrebbe sembrare un eccesso ma il software da fornire per il voto elettronico non dovrebbe essere riservato oltretutto se trattasi di elezioni pubbliche, anzi sarebbe auspicabile un modello non riservato.

Open.

Il concetto chiave per l'apertura del software è liberarlo dalle licenze.

La comunità del voto elettronico (Internet based) sta cominciando adesso a prendere in considerazione le misure per trasformare le iniziative in soluzioni più accessibili e più aperte.

Essere aperti (open) è importante per promuovere la fiducia e le responsabilità: questi sono concetti fondamentali nel mondo del software per votare.

L'impegno recente dell'IVTA a rendere open i protocolli è un altro punto positivo che si muove in questo senso, comunque è garanzia che il software che usa questi paradigmi sarà open e persino che il software effettuerà correttamente i protocolli stessi.

Ecco alcune caratteristiche a favore di questa scelta progettuale:

Basso costo iniziale.

L'adozione di software open source porta normalmente a un risparmio iniziale in termini di costi per licenze, ma anche di costi per gli aggiornamenti. I risparmi sono notevoli sugli aggiornamenti a fronte delle politiche commerciali di alcuni produttori di software proprietario, che propongono nuove versioni dei propri pacchetti vantandole come rivoluzionarie rispetto alle versioni precedenti. In realtà, spesso le nuove versioni non portano vantaggi all'utente in termini di funzionalità aggiuntive, ma l'utente è portato ad acquistarle per incompatibilità con le versioni precedenti, o per non rimanere disallineato nei confronti di partner che usano la nuova versione. Un confronto economico più corretto deve essere però compiuto non solo sulla spesa iniziale, ma tra il TCO (total cost of ownership) delle soluzioni open source e il TCO delle soluzioni proprietarie. Oltre al costo delle licenze, nel TCO confluiscono le spese dei servizi di supporto, della formazione, i costi di migrazione, d'installazione e di gestione. Un noto argomento a favore degli OSS è che, con un minor costo delle licenze, il budget di un'organizzazione può prevedere costi più alti per i servizi, e dunque in teoria più alti livelli di servizio. In conclusione, non è detto che il TCO di una soluzione open source sia minore del TCO di una soluzione proprietaria, ma normalmente la soluzione open source offre una maggiore flessibilità nell'impiego del budget disponibile.

Indipendenza dai fornitori.

Il modello open source impedisce il monopolio da parte dei produttori di software, e permette un maggiore controllo da parte del cliente, ove il software proprietario costituisce invece uno strumento di pressione (anche in sede di trattativa) da parte del venditore. Si pensi ad esempio alla correzione di problemi riscontrati su un pacchetto software. Nel caso open source, l'esistenza di comunità di sviluppatori diffuse nel mondo permette di ottenere rapidamente correzioni degli errori rilevati (l'evoluzione di Linux, Apache e degli altri pacchetti open source è avvenuta appunto in questo modo). Nel caso di software proprietario, si deve attendere che il produttore rilasci una patch, e nel frattempo non si può intervenire sul programma. Per ciò che riguarda il software sviluppato su richiesta, l'indipendenza dal fornitore consiste nel poter affidare il supporto di un prodotto open source a un'azienda scelta dal cliente, laddove nel mondo del software proprietario solo il produttore (o un suo partner autorizzato) può supportare il proprio software. Oltre ai benefici della concorrenza, ciò consente anche di favorire imprese locali. L'Italia è da sempre un paese forte consumatore di software, ma scarso produttore: il modello open source potrebbe invertire questa tendenza, e offrire nuove opportunità in ambito occupazionale. Sull'argomento, un'obiezione che spesso viene posta all'open source è che questo modello di sviluppo metterebbe in difficoltà l'industria del software. Di fatto, se nell'industria del software si comprendono anche le aziende locali, e non solo le multinazionali produttrici di software proprietario, l'industria potrebbe nel complesso essere favorita.

Sicurezza.

Disporre del codice sorgente dei programmi utilizzati all'interno della propria organizzazione permette (ma non garantisce) un grado maggiore di sicurezza, specie in presenza di dati sensibili (caso comune nella pubblica amministrazione). Sono infatti più agevoli i controlli interni (ove nei software proprietari ci si deve affidare ai produttori) alla ricerca di eventuali "back door" o debolezze sfruttabili da attacchi esterni. Si cita come esempio il caso del DBMS Interbase di Borland. Dopo aver commercializzato per anni il prodotto, Borland decise di cedere i sorgenti alla comunità degli sviluppatori. Venne in breve riscontrato un difetto nel software, che era sempre sfuggito alla Borland, e che indeboliva la sicurezza delle procedure di accesso. Dunque la trasformazione del software in open source aveva reso possibile una maggiore sicurezza.

Molte aziende che commerciano il voto elettronico sembrano contare molto sul concetto che "sicurezza è segretezza". Non libereranno mai le informazioni tecniche dettagliate su come funzionano i loro sistemi di voto. Da analisi che ho fatto, alcuni di loro hanno dei buoni motivi per nascondere il loro lavoro poiché i loro sistemi di voto elettronico sono nient'altro che sistemi di e-commerce modificati.

Tutti sappiamo che l'unica certezza per garantire la sicurezza è affidarla allo studio e verifica attenta dei professionisti. Soltanto il software libero, con l'accesso al codice sorgente che inequivocabilmente sostiene, permette a chiunque di verificare (ed aggiornare) il funzionamento dei protocolli. In altre parole gli occhi di molti rendono i bugs meno profondi.

L'accesso al codice sorgente, inoltre, consente l'aggiunta facile di nuovi protocolli sia per la registrazione del voto che per l'autenticazione sicura dell'elettore (per esempio un modello di sicurezza free consente l'aggiunta di nuovi dispositivi per l'identificazione quali schede o dispositivi per la lettura della retina). Il progetto free nella e-democrazia si ritiene un ottimo suggerimento per ottenere la segretezza o la sicurezza del voto elettronico, migliora così la probabilità di essere accolto dal pubblico.

Flessibilità.

È possibile, per esempio, realizzare versioni del kernel Linux molto specializzate, il che porta facilmente a implementazioni particolari, ad esempio per dispositivi embedded, o su hardware insufficiente per altri sistemi operativi. In generale, il software open source è più adatto ad essere personalizzato o esteso come funzionalità rispetto a un software proprietario.

Interoperabilità.

In termini di interoperabilità, il software open source è più adatto del software proprietario. Lo scambio di dati e funzioni tra prodotti diversi implica difatti, in generale, la realizzazione di interfacce, e in caso di software proprietario solo chi detiene il codice sorgente può realizzare tali interfacce. Si noti che l'interoperabilità non comporta anche la portabilità, che invece è un punto a sfavore degli OSS. Si noti anche, a proposito dell'interscambio di dati, che l'uso di un formato aperto per condividere documenti e/o file non è tecnicamente legato all'open source: software proprietari possono in teoria utilizzare comunque formati standard. Tuttavia, per i produttori di software proprietario, l'uso di formati chiusi è una politica commerciale che può portare vantaggi. Si pensi ai formati di Microsoft Office, che impongono di fatto uno standard a cui gli utenti devono adeguarsi, per cui ad esempio un utente è costretto ad acquistare la nuova versione di Excel (o di PowerPoint, o di Access) per poter collaborare con altri utenti che usano la nuova versione.

Osservabilità.

Il software libero genera l'apertura, cioè permette a chiunque di usare il software, di leggere il codice sorgente, di modificare il programma. Ciò promuove la cultura dell'osservabilità in cui i programmatori sono invitati a rilasciare il proprio codice ad un gran numero di utenti facendo attenzione a commentare il loro codice e valutare costantemente la qualità della loro programmazione. Il fatto di nascondere le informazioni genera diffidenza in particolare quando il fornitore sta sviluppando un sistema per un profitto personale.

Chiunque potrebbe verificare un sistema di voto con software libero prima che venga utilizzato, per garantire l'assenza di Trojans, funzioni nascoste per la manipolazione dei risultati o delle debolezze

Sistema altamente modulare.

La modularità dei sistemi, sia software che hardware, è la soluzione per far fronte a due esigenze importanti che caratterizzano la qualità del risultato:

- il cambiamento tecnologico (in particolare la velocità che influenza in maniera caratterizzante il mondo dell'informatica);

- l'aggiornamento ed il miglioramento del sistema (punto fondamentale per non far invecchiare velocemente il sistema e renderlo inefficiente ed inefficace).

Ecco alcuni punti a favore:

- permette il riutilizzo a granularità più ampia rispetto ai singoli oggetti;

- consente una manutenzione facilitata:

  o è possibile sostituire e correggere il singolo componente senza influenzare il resto del sistema;

  o è possibile aggiungere componenti o interfacce per aumentare modularità o scalabilità;

- è più facile parallelizzare lo sviluppo e il progetto;

- permette di sfruttare gli standard;

- consente un supporto diretto per funzionalità avanzate:

  o accesso indipendente dal linguaggio;

  o accesso distribuito.

La modularità software consiste nello strutturare le funzioni del sistema di voto elettronico in parti altamente specializzate a partire dalla Base di Dati fino alla presentazione, collegandole fra loro attraverso interfacce standard, ciò consente un'ottima integrazione con i sistemi già presenti, ma soprattutto porta notevoli vantaggi perché, ed è facile dimostrarlo, piccoli moduli permettono di individuare più facilmente gli errori e consentono un intervento più mirato, soprattutto se trattasi di sicurezza.

La modularità hardware, allo stesso modo, consiste nello specializzare le macchine in servizi semplici ma efficaci, consentendo di applicare una ridondanza spinta in considerazione dell'importanza del servizio, che comunicano fra loro per mezzo dei messaggi e protocolli standard.

La modularità porta sicuramente ad un abbattimento dei costi in quanto la potenza di calcolo di un super calcolatore costa molto rispetto alla stessa suddivisa su più calcolatori, oltretutto si ottiene una QoS (Quality of Service) maggiore grazie a soluzioni cluster che affrontano in maniera efficiente il carico di lavoro e la tolleranza ai guasti.

Sempre riguardo la sicurezza, una modularità avanzata consente anche di suddividere le commesse di sviluppo fra più società e quindi a minor rischio di boicottaggio.

Obiettivo.

Fatte le precedenti premesse, è arrivato il momento di identificare l'obiettivo concreto di questo progetto.

Il voto elettronico è già stato affrontato e risolto nella maniera più classica, ossia utilizzando la configurazione che installa presso i seggi alcuni terminali collegati alla rete del Ministero dell'Interno, dove le operazioni di voto avvengono in maniera autonoma da parte dell'elettore, ossia è egli stesso che si autentica sul terminale, attraverso l'uso della carta d'identità elettronica e dell'impronta digitale, dopo di che il terminale propone la scheda elettorale sul video (touch screen) e l'elettore attraverso semplicissime operazioni di conferma emette la sua preferenza, la quale viene immediatamente inviata e registrata sul calcolatore centrale, o periferico per poi essere ritrasmesso a quello centrale.

Questo sistema è sicuramente affidabile per quanto riguarda la contabilizzazione dei voti e la tolleranza agli errori legati allo spoglio, ma non risolve il problema dell'assenza di voti.

Il sistema proposto, il voto attraverso Internet, dovrebbe consentire la raccolta di più voti, cioè quelli di coloro i quali per vari motivi (ferie, lontananza dal paese di residenza, impossibilità a muoversi) non si recano presso i seggi.

Lo strumento ovviamente deve garantire gli stessi standard previsti dalla legge per le votazioni tradizionali, autenticazione veritiera, facilità di voto, segretezza e sicurezza.

Fasi e Requisiti.

Lo sviluppo di un sistema di votazione elettronica attraverso Internet evidenzia delle problematiche in più rispetto ai sistemi tradizionali.

Il sistema esposto in questo progetto si affianca al voto elettronico già sviluppato e collaudato che prevede l'automazione dei seggi elettorali.

Al fine di evidenziare i problemi da risolvere occorre prima dettagliare le fasi del voto elettronico:

> *Prima fase: Creazione delle liste elettorali (argomento non sviluppato in questo progetto);*
>
> *Seconda fase: Registrazione degli elettori;*
>
> *Terza fase: Autenticazione degli elettori;*
>
> *Quarta fase: Registrazione del voto;*
>
> *Quinta fase: Conteggio dei voti.*

Registrazione degli elettori.

Questa fase consiste nell'abilitazione degli elettori ad esercitare il proprio voto per via elettronica ed avviene sicuramente prima delle elezioni.

A tal proposito occorre subito chiarire un problema. Il voto attraverso Internet, rispetto al voto presso il seggio manca del riconoscimento visivo dell'elettore da parte del presidente di seggio, per cui è l'elettore stesso ad assumersi la responsabilità che il suo voto non sia difettoso a causa del furto della Carta d'Identità Elettronica e dei P.I.N., oppure per aver delegato ad altra persona l'esercizio del voto. Tali cause sono assimilabili in tutto e per tutto al plagio o vendita del voto.

Autenticazione dell'elettore.

Questa fase, che precede quella di voto, consiste nella verifica dell'elettore ed avvia le procedure di voto. Per questi motivi risulta molto critica, ecco l'elenco dei controlli da effettuare:

- verificare che l'elettore possa giuridicamente votare;

- assicurarsi che la persona è esattamente quella che si sta autenticando, non è possibile delegare il voto;

- controllare che non abbia già votato nella stessa elezione;

- se la persona non può essere autenticata il suo voto viene registrato provvisoriamente per poi essere verificato, garantendo la sicurezza della privacy.

Registrazione e conteggio del voto.

Successiva alla fase precedente vi è quella che cattura l'espressione di voto, questa evidenzia i seguenti punti critici:

- il voto deve essere catturato in forma digitale;

- non deve presentare ambiguità;

- non deve occorre alcun intervento umano;

- la scelta dell'elettore deve essere ben evidenziata sullo schermo;

- l'elettore deve avere l'opportunità di rivedere il voto prima di inviarlo;

- il sistema deve prevenire la duplicazione dei voti;

- l'elettore deve avere l'opportunità di confermare il voto, soprattutto se nullo, prima di inviarlo.

In questa fase si evidenzia chiaramente la necessità di dover attendere a:

- **requisiti per la Privacy,** ovvero non deve assolutamente rimanere alcuna associazione tra il votante e il suo voto, anche se l'elettore vuole una prova del suo voto; mentre può essere registrato il seggio del votante, se ha votato oppure no, quante volte ha votato, e che modalità ha utilizzato.

- **requisiti per la Sicurezza,** nessuna perdita di voti già registrati (*affidabilità*); esclusione di voti non consentiti (*autenticazione*); nessuna modifica dei voti (*integrità*); negazione di voto multiplo; adozione di software certificato per le macchine critiche (*autenticazione del software*); nessuna violazione di segretezza di voto (*privacy*); nessuna vulnerabilità sulla coercizione del voto; nessuna vulnerabilità sui protocolli per votare, vendita e commercio di voti; assicurare che tutti i voti vengano accettati (*disponibilità di servizio*).

A riguardo i potenziali avversari possono essere:

- gli elettori, possono cospirare il doppio voto o la vendita del voto;

- i cospiratori delle elezioni, inclusi i programmatori;

- i componenti estranei, attacchi remoti via Internet;

- non dover includere i certificatori fra gli avversari, questo dovrebbe essere assicurato dall'adozione di software semplice e open source.

Gli strumenti disponibili agli avversari possono essere:

- un sottoinsieme di chiavi controllato dai cospiratori;

- un elevata capacità elaborativa e molta banda disponibile;

- lettura del database dei votanti;

- copie del software, dell'hardware, della documentazione (eccetto le chiavi);

- la possibilità di modificare o sostituire il software, scoprendolo prima che questo provochi danni;

- la possibilità di controllare le linee di comunicazione, aumentare il traffico, reinderizzare le comunicazioni di Internet;

- sfruttare buchi di software.

Gli attacchi possibili possono essere:

- attacchi locali, sulla configurazione del sistema (impiegati, vecchie facilities, università);

- banner pubblicitari sullo schermo dei votanti durante il voto, messi dagli ISP;

- attacchi remoti o automatici: Trojan sui client, voti rubati;

- attacchi alle infrastrutture, spoofing;

- attacchi verso i servers;

- attacchi sulla disponibilità di servizio.

Elementi e Tecniche di base.

La schema che viene di seguito illustrato riguarda solo il voto elettronico attraverso Internet. Esso affianca il sistema informativo del servizio elettorale, il quale già esplica le funzioni di voto elettronico, dal quale attinge i dati di interesse.

Per presentare meglio lo schema di voto viene preso in considerazione prima l'aspetto logico:

- la logica di funzionamento e l'interazione fra i vari componenti,

e poi l'aspetto fisico;

- l'architettura hardware utile per far fronte alle esigenze indicate e la sua configurazione.

Schema logico.

Lo studio dello schema logico ha tenuto conto delle problematiche preannunciate e in particolar modo a quelle che riguardano l'integrità, l'autenticazione, la riservatezza, la non ripudiabilità. A questo proposito si è implementato uno schema a partire dal modello di Hirt-Sako del 2000.

Gli obiettivi che si vogliono raggiungere sono:

- le autorità e gli elettori devono seguire uno schema di votazione in maniera elettronica;

- lo schema prescrive le azioni dell'elettore e delle autorità e le operazioni di calcolo durante il processo di voto;

- si assume che ci siano almeno N-t autorità che non vogliono che le votazioni non attengono al comportamento aspettato;

- lo schema dovrebbe resistere ad azioni di disturbo delle altre t autorità;

- solo gli elettori possono agire sulla loro volontà;

- lo scopo è disegnare lo schema in modo che un comportamento scorretto o improprio dell'elettore venga scoperto, ed i voti nulli o doppi non vengano presi in considerazione.

Lo schema di votazione elettronica consiste in tre fasi principali:

- l'inizializzazione;

- il voto;

- il conteggio.

L'inizializzazione.

In questa fase le autorità preparano il sistema, annunciano le elezioni, formulano le schede e le possibili risposte, creano un elenco di elettori eleggibili, e così via. Generano le loro chiavi pubbliche e private, e pubblicano quella pubblica.

Il voto.

In questa fase gli elettori stanno esprimendo i loro voti. L'elettore comunica con le autorità attraverso canali che lui può utilizzare, e costruisce la scheda che contiene il suo voto. Alla fine spedisce la sua scheda al destinatario.

Il conteggio.

Le autorità utilizzano le loro informazioni pubbliche e segrete per aprire le schede e contare i voti. Dopodiché pubblicano il risultato delle elezioni.

Requisiti.

Per essere usabile in pratica uno schema di votazione elettronica deve soddisfare dei requisiti:

- **Eleggibilità**: solo gli elettori che ne hanno diritto possono votare. Ogni elettore può emettere solamente un voto.

- **Riservatezza**: nessuna coalizione di partecipanti escluso l'elettore può appropriarsi di alcuna informazione sul voto dell'elettore. Si considerano, a tal proposito, sia le autorità che qualsiasi altro elettore. Si intende riservata l'informazione contenente il voto, quando le schede degli elettori sono indistinguibili, indipendentemente dalle assunzioni crittografiche.

- **Verificabilità individuale**: ogni elettore può verificare che il suo voto è stato realmente conteggiato.

- **Verificabilità universale**: qualunque partecipante o osservatore può controllare che l'elezione sia equa: cioè che il risultato finale sia realmente la somma dei voti.

- **Sicurezza**: nessun partecipante può ottenere alcuna informazione sul voto parziale prima della fase di conteggio.

- **Robustezza**: nessun comportamento anomalo può essere tollerato, nessuna coalizione di elettori può disgregare l'elezione e qualsiasi elettore che inganna deve essere scoperto.

- **Incoercibilità**: si dice che uno schema è incoercibile se l'elettore non può convincere chiunque su come abbia votato. Questo requisito previene la vendita dei voti e la coercizione. Prima delle elezioni, qualcuno potrà costringere l'elettore a votare in un particolare modo. Durante l'elezione un osservatore potrà verificare che l'elettore stia votando in un determinato modo. Lo schema provvede affinché l'elettore possa votare come desidera e poi possa mostrare, a chi lo costringa, una prova falsa del suo voto.

La proprietà più difficile da implementare dello schema di voto sembra essere la privacy. Se il requisito della privacy fosse omesso, non risulterebbe difficile progettare uno schema di voto che realizzi le proprietà rimanenti (eleggibilità e verificabilità).

Lo schema proposto si basa sulla codifica omomorfa.

Il voto viene codificato dall'elettore e spedito attraverso un canale pubblico all'autorità predisposta al conteggio. Il voto non potrà essere decriptato da nessun gruppo di autorità minori di N, e nessun gruppo di loro potrà svelare alcuna informazione circa il voto. Per far ciò sono possibili 2 soluzioni:

- Si può utilizzare un sistema di crittografia a chiave pubblica per cifrare i voti, mentre una chiave per decifrare il voto è condivisa tra un set di N autorità;

- Oppure ogni autorità ha una sua istanza del sistema di crittografia. Gli elettori dividono il voto fra le N autorità, e l'elettore manda ad ogni autorità la sua parte codificata.

Il metodo usato per cifrare i voti è omomorfo: la moltiplicazione dei voti codificati è la somma dei voti codificati. Nel primo caso, i voti codificati sono moltiplicati e le autorità decifrano soltanto la somma dei voti. Nel secondo caso, ogni autorità moltiplica la sua parte codificata, decifra la somma della sua parte, e la somma finale dei voti può essere calcolata da chiunque dalle t+1 somme parziali.

Per assicurare una maggiore privacy, le autorità prendono la lista degli L possibili voti, e la mescolano per produrre la lista finale. La prima autorità prende l'elenco dei possibili voti, li permuta in ordine casuale e codifica ogni voto. Svela la permutazione solo all'elettore e a nessun altro attraverso un canale segreto. L'elenco così codificato viene pubblicato e rimaneggiato da un'altra autorità come la precedente, fino ad arrivare all'ultima autorità che pubblica l'elenco finale.

Solamente l'elettore può monitorare le permutazioni che sono state applicate da ogni autorità, perciò solo lui può conoscere il contenuto decifrandolo. Nel caso che la codifica usata è omomorfa, l'elettore seleziona il suo voto e lo spedisce all'autorità ricevente. I voti saranno contati utilizzando lo schema sopra descritto, ovvero tutti i voti codificati sono moltiplicati, e le autorità cooperano per decifrare la somma dei voti.

Algoritmo di crittografia.

Il concetto di crittografia a chiave pubblica fu introdotto da Whitfield Diffie e Martin Hellman nel 1976; in essa hanno grande rilevanza le *funzioni unidirezionali*: sono funzioni invertibili tali che il calcolo della funzione diretta è semplice e rapido, mentre quello della funzione inversa è *computazionalmente impossibile*. Dire che un problema è computazionalmente impossibile significa che la complessità asintotica del problema è esponenziale, ciò però non significa che certi metodi non abbiano delle debolezze intrinseche che li rendono vulnerabili ad un attacco che le sfrutti.

Le questioni matematiche alla base dei metodi di cifratura asimmetrica più diffusi e affidabili sono:

- *il problema del logaritmo discreto*, su cui si basano, ad esempio, l'algoritmo DH ideato da W. Diffie e M. Hellman, e l'algoritmo ElGamal inventato da T. ElGamal;

- *il problema della fattorizzazione*, su cui si basa l'algoritmo RSA ideato da Ron Rivest, Adi Shamir, Leonard Adleman;

- *le curve ellittiche*.

La crittografia a chiave pubblica si basa sulla teoria della complessità, la difficoltà di un problema viene valutata in base al caso più difficile, la complessità massima; in crittografia sarebbe molto più utile un criterio di complessità media. Infatti dire che un problema è troppo complicato, vuol dire che esistono dei casi in cui la sua soluzione è troppo complicata, ma resta il dubbio che vi siano dei casi, e potrebbero essere molti, in cui la complessità cali fortemente.

Inoltre, anche se per un problema attualmente non si conoscono algoritmi efficienti, ciò non significa che tali algoritmi non esistano e che qualcuno non possa scoprirli, si consideri oltretutto l'importanza dell'argomento ed il gran numero di ricercatori coinvolti in questi studi, sebbene per gli stessi motivi c'è chi ritiene che l'esistenza di tali algoritmi sia assai improbabile (proprio perché ormai da diversi anni molti matematici hanno tentato di scoprirli senza successo). Infine occorre tenere presente che si possono usare anche algoritmi probabilistici, che risolvono un problema nella maggior parte dei casi anche se talvolta non danno alcun risultato o ne danno uno sbagliato.

Analisi basate sui migliori algoritmi disponibili relativi al metodo del logaritmo discreto e a quello della fattorizzazione mostrano che RSA e l'ElGamal, per chiavi di ugual lunghezza, hanno sicurezza analoga. L'ElGamal però presenta alcuni svantaggi: ha bisogno della casualità ed è più lento, inoltre durante la fase di cifratura si verifica un'espansione del messaggio di un fattore 2. Tale espansione è comunque poco importante se l'algoritmo viene utilizzato solo per scambiare chiavi segrete. Per quanto riguarda i metodi basati sulle curve ellittiche, si tratta di sistemi soggetti a un forte sforzo di ricerca, sia teorica che pratica, sicuramente ancora non ben conosciuti quanto quelli più tradizionali.

Il problema del logaritmo discreto.

Il campo di Galois degli interi modulo n. Dato l'insieme di cifre 0, 1, 2, ..., n-1 si può costruire *l'aritmetica circolare modulo n* nel modo seguente: somma e prodotto vengono eseguite secondo le usuali regole dell'aritmetica poi il risultato viene diviso per *n* e si prende il resto. Per quanto riguarda la somma valgono tutte le proprietà della somma dell'aritmetica ordinaria, mentre il prodotto può avere problemi, infatti se *n* non è un numero primo non può essere rispettata la regola dell'annullamento del prodotto (ad esempio (3x4) mod 6=0); tale problema non sussiste se e solo se *n* è un numero primo, in tal caso si ottiene un *campo di Galois*.

Il logaritmo discreto. Consideriamo per semplicità il campo di Galois degli interi modulo 7, Z_7, nella tabella sono riportate la somma ed il prodotto in Z_7. Se calcoliamo le potenze di 3 in Z_7: 3^0 mod $7 \equiv 1$, 3^1 mod $7 \equiv 3$, 3^2 mod $7 \equiv 2$, 3^3 mod $7 \equiv 6$, 3^4 mod $7 \equiv 4$, 3^5 mod $7 \equiv 5$, 3^6 mod $7 \equiv 1$ (considerare potenze successive è inutile dato che siamo in un aritmetica circolare), si nota che il 3 con le sue 6 potenze distinte produce tutti gli elementi non nulli del campo, per questo il 3 viene detto un numero primitivo del campo Z_7. Si dimostra che tutti i campi di Galois hanno elementi primitivi.

$\oplus$	0	1	2	3	4	5	6
0	0	1	2	3	4	5	6
1	1	2	3	4	5	6	0
2	2	3	4	5	6	0	1
3	3	4	5	6	0	1	2
4	4	5	6	0	1	2	3
5	5	6	0	1	2	3	4
6	6	0	1	2	3	4	5

$\otimes$	0	1	2	3	4	5	6
0	0	0	0	0	0	0	0
1	0	1	2	3	4	5	6
2	0	2	4	6	1	3	5
3	0	3	6	2	5	1	4
4	0	4	1	5	2	6	3
5	0	5	3	1	6	4	2
6	0	6	5	4	3	2	1

Consideriamo la funzione esponenziale $y = R^x$ e la sua inversa $x = lg_R y$ in un campo di Galois, dove la base R è un elemento primitivo del campo. In Z_7, $y = R^x$, con $R = 3$, trasforma gli esponenti 0, 1, 2, 3, 4, 5 nelle cifre 1, 3, 2, 6, 4, 5, dette indici; usando gli indici si può ridurre l'operazione di moltiplicazione modulo *p* a quella di addizione (come l'uso del logaritmo riduce l'usuale moltiplicazione all'addizione). Infatti se *a* e *b* sono due interi tali che $a=R^\alpha$ e $b=R^\beta$ cioè tali che α e β siano i loro indici, allora

$$a * b = c = R^\alpha * R^\beta = R^{\alpha+\beta}$$

tutte le congruenze sono di modulo *p*, quindi l'indice di $a * b$ è $\alpha+\beta$ o differisce da questo per un multiplo di $p - 1$.

Per moltiplicare *a* e *b* si trovano i loro indici, si sommano e si riporta il risultato nell'insieme [1, 2, ..., $p - 1$] sottraendo eventualmente un multiplo di $p - 1$, supponiamo che sia γ tale valore, infine si calcola $c = R^\gamma$ mod *p*.

L'inversa della trasformazione $y = R^x$ è $x = lg_R y$. Se *p* è piccolo non è difficile calcolare né la funzione diretta né quella inversa, ma se *p* è un numero primo molto grande il calcolo dell'inversa ha una complessità enorme.

Il calcolo delle potenze modulo p è relativamente semplice, nell'aritmetica circolare per calcolare un prodotto si possono ridurre modulo p fattori, moltiplicarli, e poi ridurre modulo p il risultato, ciò consente di evitare valori intermedi elevati.

L'algoritmo per calcolare l'esponenziale richiede un numero di passi (operazioni elementari) dell'ordine $lg_2 p$, mentre il più veloce algoritmo conosciuto per il calcolo del logaritmo discreto ne richiede un numero dell'ordine di $e^{\sqrt{\ln p \cdot \ln(\ln p)}}$; se p è un numero primo di 150 cifre decimali il primo algoritmo richiede $\approx$ 498 passi, mentre il secondo ne richiede $\approx 3.2*10^{19}$ che anche disponendo di un calcolatore che effettui 10^9 passi al secondo significa $\approx$ 1032 anni.

L'algoritmo ElGamal.

Si basa sul problema del logaritmo discreto, e può essere utilizzato sia per la codifica di messaggi che per la firma digitale.

Sia Z_p un campo di Galois con p primo, e sia R un suo elemento; R può non essere elemento primitivo del campo ma è preferibile che lo sia; non è necessario che p e R siano segreti. Le parti A e B che vogliono comunicare in modo sicuro dispongono ciascuna di una chiave privata a e b, scelte a caso in $[1, ..., p - 2]$, una chiave pubblica $y_A = R^a \mod p$ e $y_B = R^b \mod p$, se A vuol inviare un messaggio m a B, prima genera un numero casuale k tale che $k < p$, quindi calcola

$$y_1 = R^k \mod p \quad \text{e} \quad y_2 = m \oplus \left(y_A^k \mod p\right)$$

dove $\oplus$ indica lo xor bit a bit ed invia a B la coppia (y_1, y_2). B per decifrare il messaggio m calcola

$$m = y_2 \oplus (y_1^a \mod p).$$

L'algoritmo per la firma digitale è simile a quello per la codifica in quanto le chiavi pubbliche e privata hanno la stessa forma.

Codifica Omomorfa.[1]

Si consideri uno schema di codifica probabilistica. Sia P lo spazio di testo in chiaro e C lo spazio di testo cifrato tale che P sia un gruppo sotto l'operazione binaria $\oplus$ e C sia un gruppo sotto l'operazione $\otimes$. Un istanza E dello schema di codifica probabilistica è creata generando le sue chiavi pubbliche e private. $E_r(m)$ indica la codifica del messaggio m usando i parametri casuali r nell'istanza E; r è un numero casuale usato nel processo di codifica.

---

[1] Omomorfo: di insiemi che sono in relazione di omomorfismo; Omomorfismo: corrispondenza univoca tra un insieme algebrico e un altro dello stesso tipo, la quale "conservi le operazioni". Precisamente: se A è un insieme nel quale è definita un'operazione astratta per esempio la somma a + b, oppure il prodotto ab, e se in un altro insieme A' sono definite operazioni analoghe, a' + b', a'b', una corrispondenza univoca tra A e A' si dice omomorfismo se ogni elemento di A' proviene da qualche elemento di A e se, presi comunque in A gli elementi a, b e in A' i loro corrispondenti a', b', accade sempre che agli elementi a + b e ab corrispondano ordinatamente a' + b' e a'b'.

Noi diciamo che lo schema di codifica probabilistica è ($\otimes$, $\oplus$)-omomorfo, se per ogni istanza E dello schema di codifica, dati $c_1 = E_{r1}(m_1)$ e $c_2 = E_{r2}(m_2)$, esiste un r tale che

$$c_1 \otimes c_2 = E_r(m_1 \oplus m_2)$$

Per esempio, lo schema di codifica di ElGamal è omomorfo. Qui, P è un insieme di interi modulo $p(P = Z_p)$, e C è un insieme di coppie $C = \{(a,b) \mid a,b \in Z_p\}$. L'operazione $\oplus$ è moltiplicazione modulo p. Per l'operazione binaria $\otimes$ definita su testi cifrati consente di ottenere la moltiplicazione modulo p per componenti. Due testi in chiaro sono codificati in

$$E_{k_0}(m_0) = \left(g^{k_0}, h^{k_0} m_0\right)$$

$$E_{k_1}(m_1) = \left(g^{k_1}, h^{k_1} m_1\right)$$

dove k_0, k_1 sono numeri casuali.

Si ottiene

$$E_{k_0}(m_0) E_{k_1}(m_1) = \left(g^{k_0} g^{k_1}, h^{k_0} h^{k_1} m_0 m_1\right) = \left(g^k, h^k m_0 m_1\right) = E_k(m_0 m_1)$$

per $k = k_0 + k_1$.

Perciò nel sistema di crittografia di ElGamal, dalla moltiplicazione di testi cifrati noi otteniamo la moltiplicazione cifrata dei corrispondenti testi in chiaro.

Irrobustimento del sistema crittografico di ElGamal.

L'obiettivo per migliorare la sicurezza del sistema crittografico a chiave pubblica è di ripartire una chiave riservata fra le autorità tali che i messaggi possono decifrati soltanto quando un insieme notevole delle autorità coopera. Dobbiamo cambiare la generazione chiave ed il protocollo di decodifica nel sistema crittografico di ElGamal. I messaggi saranno cifrati come di consueto.

Generazione delle chiavi. Il risultato del protocollo di generazione delle chiavi è che ogni autorità A_j possederà uno s_j parte di una chiave segreta s (una chiave privata nel sistema crittografico di ElGamal) e la chiave pubblica sarà resa pubblica. Alle autorità sono affidate le loro parti così i valori $h_j = g^{s_j}$ sono pubblicati. Inoltre, le parti s_j sono tali che la chiave segreta s possa essere ricostruita da qualsiasi insieme di *t+1* parti. Qualsiasi insieme di al più *t* parti non può ricondurre a niente circa la chiave segreta s. Per ottenere questo, si utilizza lo schema di condivisione di chiave segreta di Shamir *(t+1,N)*. Terze parti di fiducia sono necessarie per calcolare e distribuire queste parti alle autorità per mezzo di canali sicuri.

In questo modo, si ottiene

$$s = \sum_{j \in A} s_j \lambda_{j,A} \quad \lambda_{j,A} = \Pi_{l \in A-\{j\}} \frac{l}{l-j}$$

La chiave pubblica è *(p, g, h)*, dove $h = g^s$..

Decodifica. Per decifrare un testo cifrato $(x, y) = \left(g^k, h^k m\right)$ senza ricostruire la chiave segreta *s*, le autorità eseguono il seguente protocollo:

1. Ogni autorità A_j trasmette a tutte $w_j = x^{s_j}$ e prova la proprietà dell'esistenza dello zero

$$\log_g h_j = \log_x w_j$$

2. Sia *A* un qualsiasi insieme di *t+1* autorità hanno passato la prova della proprietà dell'esistenza dello zero. Il testo in chiaro può essere recuperato come

$$m = \frac{y}{x^s}$$

$$x^s = x^{\sum_{j \in A} s_j \lambda_{j,A}} = \prod_{j \in A} w_j^{\lambda_{j,A}}$$

Al più la chiave segreta s_j di *t* autorità può essere rilevata, così dai *t+1* valori conosciuti s_j può essere calcolata la chiave segreta *s* (usando l'interpolazione di Lagrance) ed il messaggio può essere direttamente recuperato come nella decodifica di ElGamal.

La prova di re-codifica 1 di L.

Un tester desidera dimostrare che per il messaggio cifrato *(x, y)* esiste una re-codifica negli L messaggi codificati *(x₁, y₁)*, *(x₂, y₂)*, ..., *(xₗ, yₗ)*. I messaggi sono codificati usando il sistema crittografico di ElGamal.

Si supponga che la re-codifica di *(x, y)* sia *(xᵢ, yᵢ)* e che la re-codifica casuale (la prova) sia *v*, p.e. *(xᵢ yᵢ) = (xgᵛ, xhᵛ)*.

Si nota che a, b, d, r del protocollo sono vettori: $a = (a_1, ..., a_L)$, $b = (b_1, ..., b_L)$, $d = (d_1, ... , d_L)$ e $r = (r_1, ... , r_L)$.

I valori trasmessi a_i, b_i mandano il tester a d_i e r_i per tutte la $i = 1, 2, ..., L$, tranne per $i = t$. Soltanto i valori a_t e b_t mandano al tester ad un valore $w=vd_t+r_t$, da $a_t=g^{vd_t+r_t}_t$ e $b_t=h^{vd_t+r_t}_t$. Poiché il tester conosce v, egli può anche cambiare d_t e r_t dopo questo giro.

Il verificatore sfida il tester a modificare le sue d e r tali che d venga sommato a numero casuale c. Realmente, il tester modifica i valori d_t, r_t per soddisfare queste esigenze $(c=d_1+d_2+...+d_L$ e $w=vd_t+r_t)$, e manda (modificato) $d_1,d_2,...d_L$ e $r_1,r_2,...r_L$ al verificatore. Questa abilità persuade il verificatore che tra L coppie codificate una è realmente la re-codifica di (x,y) e che il tester conosce la re-codifica casuale; altrimenti non potrebbe adattare i suoi valori alla somma data.

La prova di re-codifica del verificatore designato.

Un tester desidera dimostrare privatamente che (x',y') è la re-codifica di $(x,y)=(g^k,h^k m)$, p.e. che $(x',y')=(xg^v,yh^v)$, dove v è la re-codifica casuale. La prova è costruita per il particolare verificatore che possiede un numero segreto z_v (logaritmo discreto di h_v alla base g_v; $h_v=g^{z_v}$).

La conoscenza di z_v gli permette di costruire questo genere di prova per tutte le coppie (x', y'), (x, y). Il protocollo conta sulla conoscenza dei verificatore di z_v. Se questa proprietà non è accertata dall'infrastruttura a chiave pubblica sottostante, allora il protocollo, che accerta la conoscenza della chiave segreta, viene eseguito.

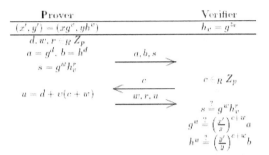

I valori a, b, s trasmessi al verificatore mandano il tester a d, w, r. Il tester non può cambiare i valori w, r. Tuttavia, il verificatore può usare la sua conoscenza di z_v per aprire s con valori arbitrari w', r' che soddisfano $w+rz_v=w'+r'z_v$.

Lo schema proposto.

Si è preso in considerazione lo schema Hirt-Sako 2000 perché sembra essere efficiente e praticabile. Nello schema [HS00] i voti possibili sono codificati e permutati dalle autorità, una dopo l'altra. Una permutazione dei voti è spedita attraverso un canale sicuro all'elettore. L'elettore appena decide il voto lo seleziona. Lo schema è progettato in modo tale che solamente l'elettore possa conoscere la permutazione finale e lui stesso può mentire sulla stessa a chiunque altro. Comunque, l'ammontare di lavoro fatto dall'elettore ed il numero di bits spediti attraverso un canale sicuro è piuttosto alto. L'elettore ha bisogno di controllare LN prove speditegli attraverso il canale sicuro per monitorizzare le permutazioni dei voti. Noi preferiremmo che il calcolo dell'elettore e l'ammontare dei dati emessi attraverso il canale sicuro sia dipendente da L.

Simile allo schema [HS00], i voti sono codificati dal sistema irrobustito di crittografia a chiave pubblica con la proprietà omomorfa.

Lo schema [HS00] richiede che il sistema crittografico a chiave pubblica supporti la re-codifica casuale, la prova di re-codifica 1 di L e la prova di re-codifica del verificatore designato. Questo schema, in più, richiede l'esistenza della re-codifica che preserva lo 0 con la relativa prova e la prova di re-codifica 1 di L che preserva lo 0.

La re-codifica che preserva lo 0.

La re-codifica che preserva lo 0, è un algoritmo che dato in input $e=E(m)$ da in output $e'=E(m')$, dove $m'=0$ se e soltanto se $m=0$, altrimenti $m'\neq0$ è un messaggio casuale (uniformemente distribuito).

Inoltre, una prova che e' è una re-codifica che preserva lo 0 di e, non rilevando la relazione tra il messaggio m e m', è richiesta.

Nel sistema crittografico modificato di ElGamal $(E(m)=(g^k,h^k G^m))$, la re-codifica che preserva lo 0 funziona come segue:

Dato $E(m) = (x, y), m \in Z^*_{p-1}$, calcolare la re-codifica che preserva lo 0 $E(m')=(x',y')$ come

$$(x',y')=(x^r,y^r)$$

dove r è un numero casuale $r \in R \ Z^*_{p-1}$.

Se $(x,y)=(g^k,h^k G^m))$, allora

$$(x', y') = (x, y)^r = (g^k, h^k G^m)^r = (g^{kr}, h^{kr} G^{mr}) = E(mr)$$

e $m'=mr$.

Dimostrare che (x',y') è la re-codificia che preserva lo 0 di (x,y), è abbastanza per mostrare che

$$log_x x' = log_y y'.$$

La prova di re-codifica 1 di L che preserva lo 0.

Il tester desidera dimostrare che per il messaggio cifrato $e=E(m)=(x,y)$ esiste una re-codifica che preserva lo 0 negli L messaggi cifrati $e_1=(x_1, y_1), ..., e_L=(x_L, y_L)$.

Si supponga che (x_i, y_i) è la re-codificia che preserva lo 0 di (x, y) e che la re-codifica casuale è r, per esempio $(x_i, y_i) = (x^r, y^r)$.

I valori $(x_1, y_1),...,(x_L, y_L)$ appena considerati per essere i messaggi cifrati nel sistema crittografico di ElGamal (p, x, y) (anziché l'originale (p, g, h)). In questo sistema crittografico, $(x_i, y_i) = (x^r, y^r)$ è la re-codifica di $(1, 1)$. Di conseguenza, questo è abbastanza per dimostrare che negli elementi $(x_1,y_1),...,(x_L,y_L)$ c'è la re-codifica di $(1, 1)$.

La prova di codifica 1 di L.

Data una codifica $e=E(m)$ del messaggio m, le autorità desiderano verificare se m è valido senza rivelare altre informazioni su m. Il messaggio m è valido se è nell'insieme dei messaggi validi $\{m_1, m_2, ..., m_L\}$. Si noti che le autorità possono decifrare qualsiasi messaggio, ma non è desiderato decifrare semplicemente la m, poiché rivela il messaggio m. Supponiamo che almeno $t+1$ autorità seguirà il seguente protocollo.

Si supponga che il $e_1, ..., e_L$ sono le cifrature standard dei messaggi validi $m_1, ..., m_L$. Nel sistema crittografico di ElGamal modificato, $e_i = (1, G^m_i)$.

1. Le autorità calcolano la lista iniziale $e_1, ..., e_L$ settando

$$e_i = \frac{e}{e_i} = \frac{(g^k, h^k G^m)}{(1, G^{m_i})} = (g^k, h^k G^{m-m_i})$$

Notare che e_i è la codifica di 0 se e soltanto se $m_i=m$. Il messaggio m è valido se e soltanto se la lista iniziale $e_1, ..., e_L$ contiene la codifica di 0.

2. Le autorità mescolano la lista iniziale $e_1, ..., e_L$ per produrre la lista finale $e_1, ..., e_L$ nel seguente modo. Uno per uno, le autorità $A_j, j=1...N$ dovrebbe fare i seguenti passi:

   A_j seleziona la lista $e_1^{(j-1)},...,e_L^{(j-1)}$ in input e produce in output $e_1^{(j)},...,e_L^{(j)}$. Se la A_j fallisce in qualche cosa, allora la A_j viene ignorata e viene posta $e^{(j)}=e^{(j-1)}$, A_j genera la lista di output nel seguente modo:

   a. A_j seleziona una permutazione casuale $\pi:\{1,...,L\}-->\{1,..., L\}$ e i numeri casuali $r_1,...,r_L$. A_j mantiene $\pi, r_1, ..., r_L$ *segreti*.

   b. L'$\pi(i)$-*esimo* elemento nella lista di output è le re-codifica che preserva lo 0 dell'i-esimo elemento della lista in input usando i numeri casuali r_i.

    c. Per ogni elemento $e_i^{(j-1)}$ dalla lista di input, la A_j prova che c'è una re-codifica che preserva lo 0 nella lista di output $e_i^{(j)}$, ..., $e_L^{(j)}$ usando la re-codifica 1 di L che preserva lo 0.

3. Le autorità decifrano ogni elemento dalla lista finale $e_1^{(N)}$, ..., $e_L^{(N)}$. $E=E(m)$ cifra un messaggio valido se e soltanto se uno dei valori decifrati è 0.

La lista iniziale contiene la codifica di 0 se e soltanto se il messaggio m codificato in $e=E(m)$ è valido. La lista di output dell'autorità A_j contiene la codifica di 0 se e soltanto se la lista di input di A_j contiene la codifica di 0, poiché ogni elemento dalla lista di output è la re-codifica che preserva lo 0 di un elemento della lista di input. Di conseguenza, la codifica e del messaggio m è valida se e soltanto se la lista finale contiene la codifica di 0.

I valori decodificati non dicono niente circa il messaggio m (tranne per la sua validità). I valori decodificati diversi da 0 sembrano casuali, e le loro relazioni con m sono nascoste.

All'ultimo step, non è necessario realmente decodificare gli elementi dalla lista finale, è sufficiente il test-0. Nel sistema crittografico di ElGamal modificato, le autorità esaminano se $(g^k, h^k G^M)$ è la crittografia di 0 come segue: cooperano nell'ottenere il G^M da $(g^k, h^k G^M)$ ed esaminano se $G^M=1$ (calcolare m da G^M è impossibile).

Overview dello schema.

Nello schema proposto, l'elettore divide il suo voto usando la condivisione segreta $(t+1, N)$ fra le autorità. Egli spedisce le parti attraverso un canale sicuro. L'autorità pubblica la decodifica della parte ricevuta e manda all'elettore la prova di verifica della sua correttezza. L'elettore può obiettare all'autorità stessa. Quelle $t+1$ decodifiche pubblicate contro cui l'elettore non obietta sono combinate per produrre il voto codificato. Inoltre, le autorità cooperano per assicurare la sua validità. Tutti i voti validi sono moltiplicati e le autorità decifrano la somma dei voti.

L'elettore V_i scegli il suo voto v_i dall'insieme $[1, M, M^2, ... M^{L-1}]$ (m è il numero di elettori eleggibili). Comunque, nelle votazioni del tipo [SI, NO] è sufficiente codificare i voti come [-1, 1].

Fase di inizializzazione.

Le autorità preparano il sistema irrobustito di crittografia a chiave pubblica che soddisfi i requisiti menzionati. I voti sono codificati utilizzando la codifica ElGamal. I generatori G_1, G_2, ... G_L che rappresentano le possibili scelte vengono pubblicate. Le autorità creano anche una lista pubblica di tutti i voti validi cifrati secondo lo standard e_1, e_2, e_3, ... e_L, dove e_i è la codifica dell'i-simo scelta G_i usando il numero casuale $k=0$: $e_i = (1, G_i)$.

Fase di votazione.

Per ogni elettore V, le autorità generano un elenco di tutti voti possibili cifrati, dal quale l'elettore V seleziona quello che rappresenta la sua intenzione.

A turno, ogni autorità A_j (dove $j=1, 2, ... N$) prende in input la lista e_1, e_2, e_3, e_L decifra ogni elemento dalla lista di input, e permuta la lista in un ordina casuale. In questo modo, A_j produce la sua lista $e_1, e_2, e_3, ... e_L$ in output. Inoltre A_j è costretto a provare che l'elenco che ha prodotto è stato fatto correttamente. Se A_j sbaglia in qualche cosa o l'elettore obietta A_j, allora A_j viene ignorata e di conseguenza la sua lista.

La prima autorità prende la lista standard $e_1, ..., e_L$ come input.

Il protocollo, in dettaglio, esegue le seguenti operazioni:

1) A_j calcola la lista di output $e_1, ..., e_L$ come di seguito:

   a) A_j seleziona una permutazione casuale $\pi:\{1,...,L\} --> \{1,..., L\}$ e i numeri casuali $k_1, ..., k_L$. $r \in R$ Z_p^*.

   b) L'elemento $\pi_j(i)$ nella lista finale è ottenuto dalla re-codifica dell'elemento $e_i^{(j-1)}$ della lista d'input con il numero casuale k_i.

2) Senza rilevare la permutazione π_j così come i numeri casuali $k_1, ..., k_L$ la A_j dimostra che la lista di output $e_1, ..., e_L$ è costruita correttamente:

   a) Per ogni $i=1...L$ la A_j prova che esiste una re-codifica dell'i-esimo elemento e_i^{j-1} dalla lista di input nella lista di output. Per far ciò è utilizzabile la prova di re-codifica 1 di L.

3) A_j segretamente trasferisce la permutazione π_j insieme con la prova privata della sua correttezza attraverso il canale segreto alla elettore V. Più precisamente, A_j prova che per ogni i, $e^{(i)}_{\pi_j(i)}$ è la re-codifica di $e_i^{(j-1)}$. La prova di re-codifica del verificatore designato.

4) Se l'elettore non accetta la prova, egli querela pubblicamente l'autorità. Dopodiché, la lista ritorna allo stato precedente e l'autorità j viene ignorata. L'elettore può querelare al massimo N-t-1 autorità.

L'elettore annuncia pubblicamente la posizione i del suo voto.

L'elettore V_i divide il suo voto v_i fra le autorità usando lo schema segreto di divisione di Shamir ($t+1, N$).

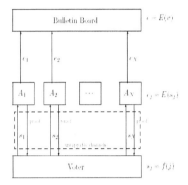

1. L'elettore V_i genera un polinomio casuale f di grado t che soddisfi $f(0)=v_i$:

$$f(x) = v_i + a_1 x + \ldots + a_t x^t$$

La parte della j-sima autorità è $s_j=f(j)$. Si ricorda che il voto v_i può essere ottenuto da qualsiasi insieme A di $t+1$ parti calcolando

$$v_i = \sum_{j \in A} s_j \lambda_j$$

dove λ_j è il coefficiente di Lagrange.

2. L'elettore manda s_j attraverso il canale sicuro alla autorità j-sima.

3. L'autorità A_j calcola la codifica standard $e_j = E(s_j)$, cifra e_j e lo pubblica nella lista dei voti. A_j mantiene segreto s_j e e_j. Inoltre A_j convince l'elettore che e_j è la codifica di s_j. Più precisamente, A_j trasmette una prova di verificatore designato che e_j è la re-codifica di e_j attraverso il canale sicuro all'elettore.

4. V_i controlla le prove ricevute. Egli può notificare pubblicamente sulla scorrettezza, al massimo $N-t-1$ volte. Inoltre, V_i può indicare le $t+1$ autorità del quale egli ha fiducia.

5. Sia A l'insieme di $t+1$ autorità che l'elettore ha trovato fidate. Le parti codificate di queste autorità vengono così combinate:

$$e = \prod_{j \in A} e_j^{\lambda_j} = \prod_{j \in A} E(s_j)^{\lambda_j} = \prod_{j \in A} E(s_j \lambda_j) = E(\sum_{j \in A} s_j \lambda_j) = E(v_i)$$

Si vede che la e ottenuta è la codifica del voto v_i.

6. Inoltre, le autorità verificano la validità di e con l'esecuzione della prova 1 di L codifica e la rende pubblica .

Fase di conteggio.

Ogni elettore ha già scelto il suo voto dalla lista finale prodotta per lui dalle autorità. Il suo voto è codificato con l'algoritmo di ElGamal. Il risultato delle elezioni può essere calcolato moltiplicando i voti codificati per ottenere la somma codificata dei voti, le autorità insieme decodificano la somma dei voti e pubblicano la prova della corretta decodifica.

Proprietà di sicurezza.

Eleggibilità. Se l'elettore V_i è onesto e $l'e_j$ pubblicati dalle $t+1$ autorità che egli ha selezionato come fidate sono realmente le codifiche delle corrispondenti parti s_j, allora la e costruita è evidentemente la codifica del voto v_i delle elettore e il voto dell'elettore è conteggiato correttamente.

L'elettore disonesto è probabile che divida un voto non valido, o distribuisca parti non valide, oppure selezioni l'autorità A_j come fidata nonostante il fatto che la prova di verificatore designato di A_j era sbagliata. In ogni caso, la probabilità che il voto ricostruito e sia valido è trascurabile. La validità di e sarà scoperta dalla prova di codifica e questo voto non verrà contato.

Privacy. L'intenzione dell'elettore può essere ricostruita dalle parti t+1. Così come le parti sono mandate attraverso il canale sicuro, esse non possono essere intercettate da nessuno. Le autorità pubblicano le codifiche delle loro parti, così nessuno può dubitare di loro e della sicurezza del sistema di crittografia. La prova di codifica che verifica la validità del voto non rileva nessuna informazione circa il voto stesso.

Verificabilità. Lo schema è universalmente verificabile. Chiunque può leggere le e_j parti codificate, l'insieme A di $t+1$ autorità segnalate dall'elettore come affidabili, e lui può costruire il voto codificato e. Inoltre, lui può verificare la validità facendo la prova di codifica. Egli può moltiplicare tutti i voti codificati e validi per ottenere la somma codificata dei voti. Inoltre la decodifica è verificabile, egli può anche controllare se la somma dei voti è stata decodificata correttamente.

Senza ricevuta. Questo schema è senza ricevuta se l'elettore conosce le autorità disoneste. Come abbiamo visto l'elettore manda le parti del voto le quali devono essere verificate, di conseguenza l'elettore stesso decide quali sono le autorità di cui fidarsi da quelle di cui non, inoltre le parti del voto devono passare la prova di validità per cui esiste un altro passaggio di controllo difficilmente superabile se il voto è stato compromesso.

Qualità architetturali.

Per contribuire in maniera adeguata alla soluzione del problema applicativo, l'architettura deve possedere delle qualità, che qui di seguito vengono dettagliate.

In base alla situazione potrebbe essere necessario privilegiare delle caratteristiche di qualità a scapito di altre.

E' fondamentale identificare quali caratteristiche sono prioritarie, per guidare le decisioni di progetto sin dalle fasi iniziali.

- Performance $\left.\vphantom{\begin{matrix}1\\1\end{matrix}}\right\}$ *efficienza*
- Scalabilità
- Sicurezza $\left.\vphantom{\begin{matrix}1\\1\\1\end{matrix}}\right\}$ *robustezza*
- Disponibilità
- Affidabilità

Performance: il sistema deve reagire adeguatamente rispetto al carico di lavoro atteso.

Scalabilità: capacità del sistema di adattarsi a situazioni di carico superiori a quelle previste inizialmente

- quantità dati, numero utenti, frequenza richieste.

Sicurezza: il sistema deve prevenire accessi non autorizzati o utilizzi non previsti.

Meccanismi:

- autenticazione: assicurare che l'identità della sorgente di una richiesta sia effettivamente quella dichiarata;

- autorizzazione: assicurare che la sorgente di una richiesta, una volta autenticata, sia autorizzata ad eseguire l'operazione.

La sicurezza può essere dichiarata a diversi livelli di criticità all'interno del sistema, corrispondenti a diversi meccanismi di implementazione.

Disponibilità: percentuale del tempo di esecuzione in cui il sistema appare come funzionante rispetto agli utenti.

Affidabilità: capacità del sistema di reagire autonomamente a situazioni di guasto

- Misurano la tolleranza del sistema a situazioni di guasto.

Ogni qualità architetturale si esprime in una serie di requisiti che investono il sistema a diversi livelli:

- Hardware

- Progetto della rete

- Progetto del software

- Infrastruttura middleware.

Nel progetto dell'architettura sarà necessario identificare se un requisito dovrà richiedere il progetto di un componente opportuno oppure se è possibile sfruttare l'infrastruttura middleware.

Performance.

Dal punto di vista dell'utente, le performance vengono percepite come i tempi di risposta alle richieste. Questo viene determinato da diversi aspetti dell'architettura:

- L'hardware,

- Le piattaforme middleware,

- Le basi di dati,

- Il progetto software.

Le metriche utilizzate possono essere:

- Il tempo di risposta,

- Il numero di transazioni gestite al secondo,

- Il numero massimo di utenti concorrenti supportati,

- Le metriche specifiche dell'applicazione.

Si possono identificare all'interno dell'architettura delle operazioni o dei pattern inevitabilmente costosi. E' necessario progettare l'architettura in modo da identificare i possibili colli di bottiglia e limitarne l'impatto.

Esempi:

- mancanza di concorrenza,

- sincronizzazione tra componenti remoti,

- accesso frequente al DB,

- apertura connessioni,

- creazione thread.

Utilizzare tecniche di pooling.

Pooling significa attivare un insieme di risorse dello stesso tipo (pool) prima delle effettive richieste di utilizzo. Quando un utilizzatore richiede una risorsa, viene reperita una istanza già attiva dal pool. Tecniche di pooling permettono di accelerare l'accesso a risorse il cui tempo di attivazione diventa non trascurabile su applicazioni di larga scala:

- *Pooling di thread*: spesso utilizzato per accelerare l'esecuzione di pagine web dinamiche,

- *Pooling di connessioni*: riduce notevolmente i tempi di accesso al DB,

- *Pooling di componenti*: dipende dalla tipologia di stato del componente. Se un componente contiene dello stato questo deve essere inizializzato al momento dell'attivazione e rilasciato.

Prevedere meccanismi di caching

Caching: replicazione di dati o servizi in prossimità del loro utilizzo. Il caching può essere applicato in diversi casi nell'architettura:

- pagine web dinamiche,

- dati.

Nel realizzare una soluzione di caching è necessario gestire le problematiche di consistenza tipiche di questo genere di problemi. Nel caso in cui le operazioni sui dati sono prevalentemente letture, il caching dei dati può ridurre notevolmente il numero di accessi al DBMS.

Soluzioni per il caching dati:

- locale: risparmia la latenza di rete memorizzando i dati su una replica del DBMS in locale,

- in RAM: massima velocità di accesso ma necessaria una tecnologia specifica per la memorizzazione e l'interrogazione.

Ottimizzare gli accessi remoti.

Le invocazioni remote via middleware vanno utilizzate solo se strettamente necessario, introducono un overhead sulle prestazioni dovuto alla sola connessione. Inoltre, è necessario progettare i componenti di business in modo da limitare/ottimizzare gli accessi, più parametri nella stessa invocazione.

Ottimizzare le transazioni.

Le transazioni distribuite introducono un overhead notevole e vanno usate solo quando necessario.

Ottimizzare i meccanismi di sicurezza.

Una connessione sicura (e.g. SSH) è notevolmente più costosa di una "in chiaro". Gli accessi sicuri non vanno necessariamente considerati nell'intera applicazione. E' possibile strutturare l'architettura in modo da inserire protezioni hardware, più efficienti.

Scalabilità.

In una architettura scalabile, l'incremento di risorse comporta un aumento idealmente lineare nella capacità del servizio. Carico addizionale viene gestito aggiungendo risorse senza modifiche sostanziali al progetto. Anche se la performance è parte della scalabilità, non è tutto. La scalabilità è una parte integrante del progetto che va considerata a partire dalle prime fasi. Ottenuta attraverso un bilanciamento accurato di elementi hardware e software.

Utilizzare tecniche di clustering.

Il bilanciamento del carico su più macchine permette di ottenere risultati migliori che aumentando le risorse di una singola macchina e spesso è più economico. L'applicazione deve essere progettata in maniera indipendente dalla locazione. Inoltre sono necessari meccanismi per la gestione del cluster.

Limitare le attese.

Operazioni molto costose rischiano di creare lunghe code di attesa quando ci sono molti processi richiedenti. E' opportuno in questi casi sfruttare il più possibile modalità asincrone di interazione (Es. validazione carta di credito). Questo principio, in casi estremi, potrebbe portare alla revisione dell'intero processo di business.

Limitare i conflitti per le risorse.

L'utilizzo concorrente di risorse limitate è una delle principali cause di mancanza di scalabilità. Applicato a dischi, memoria, CPU, rete...

• *Principio*: acquisire le risorse il più tardi possibile e rilasciarle il prima possibile.

• *Principio*: utilizzare "dopo" le risorse critiche. Se la transazione viene abortita prima ne ho limitato l'utilizzo.

Curare il progetto dei componenti.

Limitare componenti stateful. Rispetto agli stateless, consumano più risorse e non sono condivisibili.

Separare i metodi transazionali da quelli non transazionali

Sicurezza.

Si ottiene attraverso il controllo degli accessi applicato a vari tipi di risorse dell'applicazione: Dati, componenti e hardware.

La sicurezza ruota intorno a quattro concetti principali:

- Autenticazione,

- Autorizzazione,

- Protezione dati,

- Auditing.

Autenticazione: processo di conferma dell'identità di chi accede all'applicazione. Viene applicata imponendo la specifica di una serie di credenziali prima dell'accesso. In alcuni casi anche chi accede richiede l'identità dell'entità di autenticazione.

Autorizzazione: possibilità per una entità autenticata di accedere a determinate risorse o servizi. Può richiedere ulteriori credenziali.

Protezione dati: applicazione di tecniche per mantenere la confidenzialità, l'integrità e la non "repudabilità" di dati e scambi di informazione. Tecniche: crittografia, hash, firme digitali, MAC, etc.

Auditing: logging e monitoring degli eventi del sistema, con lo scopo di identificare problemi di sicurezza. L'identificazione delle possibili minacce alla sicurezza del sistema è il primo passo per la progettazione delle contromisure adeguate.

E' necessario considerare diversi tipi di minacce alla sicurezza, ognuna con effetti di diverso tipo ed entità. Una volta considerate le minacce, i metodi per contrastarli dipendono dal livello di rischio che è considerato accettabile per l'applicazione.

Spoofing identità: violazione del metodo di autenticazione che permette ad un attaccante di impersonare utenti autorizzati.

Manipolazione dati: riguarda sia dati in transito che memorizzati. Possibile causa di alterazioni o guasti del sistema.

Ripudiabilità: capacità di negare che un'azione sia avvenuta.

Denial of Service (DoS): induzione di guasti o indisponibilità nel sistema attraverso un aumento insostenibile del traffico.

Scoperta di informazioni riservate: violazione dei meccanismi di autorizzazione per accedere ad informazioni sensibili.

Aumento dei privilegi: violazione dei meccanismi di autorizzazione da parte di utenti autenticati

Una volta stabilite le possibili minacce è necessario attribuire una priorità che consideri il possibile danno e lo sforzo richiesto per le contromisure.

In base alla scala delle priorità delle minacce identificate, è possibile in primo luogo operare tre scelte per progettare le contromisure ad ogni minaccia

- Nessuna contromisura,

- Gestione esterna,

- Gestione interna.

Nel caso di gestione interna, è necessario identificare le politiche e le tecniche di sicurezza che si intende adottare. Nel progetto delle contromisure, è necessario identificare anche i trade-off per l'usabilità.

Utilizzare tecnologie adeguate.

L'integrità deve essere protetta permettendo l'accesso solo attraverso protocolli consolidati (SSL, TLS, IPsec).

Sfruttare i meccanismi di sicurezza previsti dal sistema operativo e dalle piattaforme middleware (Kerberos).

Imporre politiche di sicurezza.

Per aumentare la robustezza dei meccanismi di autenticazione è opportuno utilizzare rigide politiche di sicurezza

- Controllo delle password (Lunghezza, scadenza, "forza"),

- Responsabilità per gli account,

- Restrizione degli accessi,

- Auditing.

Allo stesso tempo è sempre importante valutare l'impatto di questi meccanismi sull'usabilità.

Curare l'architettura di rete.

Un firewall permette di mantenere aperte solo le porte strettamente necessarie per l'accesso esterno. Ulteriori livelli di protezione possono essere introdotti per separare il traffico internet dai server interni e per isolare maggiormente dati e servizi critici

- DMZ: demilitarized zones

Un isolamento troppo spinto può avere impatti negativi sulle prestazioni.

Scrivere software robusto.

Gli errori nel software possono provocare falle nella sicurezza. Prevenire gli overflow dei buffer. Anche possibili utilizzi fuori dalle specifiche devono essere prevenuti. Eseguire sempre le applicazioni con privilegi minimi. Validare l'input utente.

Disponibilità.

E' fondamentale in applicazioni mission-critical, che devono fornire un servizio continuativo (es. applicazioni web di e-commerce, e-pooling). In questi casi i guasti del sistema potrebbero portare problemi e perdite i cui effetti si possono protrarre anche a lungo termine (es. perdita clienti, elettori).

I guasti applicativi possono avvenire per diverse ragioni:

- test non adeguati;

- mancanza di controllo durante l'esecuzione;

- codice debole;

- mancanza di processi di ingegnerizzazione;

- interazione con altri servizi esterni;

- cambio delle condizioni operative (carico più alto);

- guasti hardware;

- eventi occasionali o ambientali.

Ormai, solo il 10% dei guasti sono causati dall'hardware.

Non è facile determinare il grado di disponibilità necessario per l'applicazione. Nella valutazione è necessario stimare:

- livello di servizio atteso;

- budget e tempi;

- eventuali cambiamenti del servizio nel tempo.

Progettare per aumentare la disponibilità significa introdurre tecniche e linee guida metodologiche per anticipare, rilevare e risolvere automaticamente i guasti hardware e software

L'obiettivo è ridurre il downtime, non solo ridurre le possibilità di guasto, ma anche i tempi di riparazione

Tecniche:

- replicazione hardware e software.

Metodologie:

- utilizzo di processi di progetto e sviluppo collaudati e con forte accento sul testing.

Utilizzare tecniche di clustering.

Cluster: insieme di sistemi che offrono lo stesso servizio ma sono distribuiti su nodi fisici diversi, pur essendo logicamente e fisicamente connessi tra loro. Diversi sistemi indipendenti in uno stesso cluster appaiono all'esterno come un sistema singolo. In presenza di guasti, il carico di lavoro viene automaticamente spostato da un sistema all'altro

- i client vengono spostati automaticamente (*failover*),

- il guasto è trasparente: viene percepito semplicemente un ritardo.

Il clustering permette di:

- aumentare la scalabilità dell'applicazione,

- ridurre il downtime dovuto a guasti,

- ridurre il downtime dovuto a manutenzione,

- scalare l'applicazione in maniera economica.

Implementare soluzioni di clustering non è semplice, a causa dei meccanismi necessari, come la redirezione automatica delle richieste e il mantenimento della consistenza.

Esistono soluzioni già pronte:

- Molti server J2EE,

- Microsoft Cluster Server.

Utilizzare dischi RAID.

RAID: Redundant Array of Independent Disks. Hard Disk multipli in cui i dati sono replicati parzialmente o totalmente in modo da permetterne la ricostruzione in caso di guasti. Metodo sicuro ed economico per rendere tollerante ai guasti l'accesso ai dischi.

Prevedere meccanismi di monitoraggio.

Per tollerare i guasti è prima di tutto necessario rilevare i guasti. Il rilevamento di guasti di componenti si basa generalmente su *timeout*.

E' possibile utilizzare due modalità di rilevamento:

- On-line: rilevamento durante le esecuzioni di richieste,

- Off-line: monitoring periodico a prescindere dalle richieste.

Monitoring significa inoltre utilizzare dei log per controllare l'andamento delle risorse e individuare i punti soggetti a guasti.

Isolare applicazioni mission-critical.

E' possibile che più applicazioni condividano risorse hardware e software. Nel caso di applicazioni mission-critical, è opportuno ridurre il più possibile il contatto con altre applicazioni, sia con tecniche hardware che software.

Per esempio utilizzando:

- Reti e DBMS dedicati,

- Middleware ad alte prestazioni.

Prevedere un piano di test e di recupero adeguati.

Il test per la disponibilità deve essere il più possibile rigoroso e completo. Lo scopo è provare le procedure di recupero in tutte le situazioni di guasto più estreme, per esempio:

- Staccare la spina o il cavo di rete,

- Togliere l'alimentazione generale.

Il piano di recupero deve fornire istruzioni dettagliate sulle operazioni da eseguire in circostanze critiche:

- Operazioni richieste su ogni server per ripristinare l'operatività,

- Inventario delle parti,

- Materiale cartaceo.

Affidabilità.

L'architettura deve essere progettata in modo da limitare le possibilità di malfunzionamento dell'applicazione. In pratica, l'affidabilità viene misurata attraverso il MTBF (Mean Time Between Failure).

Anche in questo caso investe diversi aspetti del progetto:

- Le tecnologia: hardware e software "robusti",

- La metodologia di progetto: test accurati e completi.

Gestire gli errori all'interno dell'applicazione.

Una architettura affidabile è in grado di prevenire e adeguarsi alle situazioni di errore automaticamente. E' necessario in fase di test prevedere tutte le possibili situazioni di errore a tutti i livelli e scrivere del codice di gestione adeguato:

- errori nel middleware,

- errori nel DBMS.

Gestire con cura i cambiamenti.

Aggiungere o modificare un componente può essere causa di guasti nell'architettura:

- errori del nuovo componente,

- errori di integrazione.

I cambiamenti devono essere coordinati e controllati.

Analysis and Design.

Come preannunciato nei capitoli precedenti si è preferito adottare un approccio orientato verso la modularizzazione sia software che hardware. Per cui nel disegno ed analisi delle specifiche si è adottata la tecnica di progettazione a componenti.

I sistemi a componenti fanno proprio il principio del divide ed impera per la gestione della complessità, secondo il quale bisogna spezzare un grande problema in pezzi più piccoli e risolvere i sottoproblemi così creati: in questo modo si possono costruire soluzioni elaborate partendo da fondamenta semplici. La differenza principale fra i metodi strutturali e i componenti sta nel fatto che questi ultimi seguono il principio degli oggetti nel combinare in una singola unità le funzioni e i dati relativi. Gli approcci strutturali tradizionali si sono sempre occupati principalmente di scomposizione funzionale, mantenendo una distinzione netta tra dati e funzioni.

Molti pensano che l'obiettivo principale della creazione dei componenti sia il riuso: desiderando realizzare qualcosa e poi usarlo più volte in contesti diversi, realizzando così grandi risparmi di produttività, avvantaggiandosi di soluzioni dalla comprovata efficienza, del conseguente incremento di qualità e così via. Questi obiettivi sono ammirevoli, ma il problema principale oggi è che le cose continuano a cambiare, e spesso non c'è più alcuna speranza di esercitare un controllo centralizzato. In questo ambiente uno degli obiettivi principali di un componente deve essere quello di essere facilmente rimpiazzabile sia da un'implementazione completamente differente delle stesse funzioni sia da una versione aggiornata dell'implementazione corrente. Questo pone l'enfasi sull'architettura del sistema, sulla capacità di gestire il sistema nella sua totalità mentre i suoi diversi componenti evolvono e i requisiti cambiano, piuttosto che cercare di assicurare che i singoli componenti siano riusabili all'interno di più sistemi.

System Envisioning.

Si vuole progettare un sistema che consenta il voto elettronico attraverso Internet. La fase di voto è preceduta da una fase di preparazione o inizializzazione che prevede la generazione delle chiavi e delle liste dei possibili voti. L'utente-elettore, collegandosi al portale del Ministero dell'Interno ed autenticatosi attraverso la sua carta d'identità elettronica, scaricherà il software e i dati che gli consentiranno di esprimere il proprio voto.

L'elaborazione del voto dovrà avvenire esclusivamente sul lato client. Il voto, opportunamente codificato dall'elettore, verrà poi spedito al server di ricezione, il quale valuterà l'autenticità del contenuto e dell'elettore e la bontà del voto senza peraltro scoprirne il contenuto.

Solo alla fine delle votazioni un'elaborazione separata effettuerà i calcoli che porteranno al risultato finale delle elezioni.

Business Process.

Inizializzazione.

1. Vengono generate le liste di voti possibili per ogni classifica di elettore,

2. vengono generate le chiavi pubbliche e private per ogni autorità,

3. vengono generati i generatori di voti per ogni autorità,

4. viene aggiornato il software client con i parametri per l'esecuzione dell'algoritmo di ElGamal.

Fase di voto.

1. L'elettore si collega al portale e seleziona la pagina per votare,

2. il sistema richiede l'autenticazione dell'elettore tramite Carta d'Identità elettronica,

3. l'elettore si autentica e il sistema verifica l'eleggibilità,

4. se il sistema ottiene un esito positivo apre una connessione sicura e invia un identificativo di voto e il software per votare al client firmato con la chiave pubblica dell'elettore,

5. il client, installato, richiede la lista dei voti alla prima autorità notificando il suo identificativo di voto,

6. la prima autorità seleziona la lista di voti possibili, li permuta ed invia la permutazione al client firmata con la propria chiave privata, mentre la lista risultante viene inviata alla successiva autorità,

7. il client verifica ogni permutazione e notifica quelle errate,

8. l'ultima autorità spedisce sia la permutazione che la lista di output, sempre firmate con la propria chiave privata,

9. il client verifica e ricostruisce la lista e la propone all'elettore,

10. l'elettore seleziona la sua scelta la quale viene codificata con algoritmo di ElGamal (settato con i parametri selezionati all'inizio),

11. il client divide in parti la scelta e le invia alle autorità firmandole con la loro chiave pubblica,

12. ogni autorità, che riceve la sua parte, verifica l'autenticità del contenuto ed invia una risposta al client,

13. il verificatore riceve dal client la notifica di votazione terminata

14. allora richiede tutte le parti alle autorità, tramite l'identificativo di voto, le assembla e verifica la validità del voto,

15. se l'esito è positivo registra l'operazione di voto e il voto codificato nell'urna elettronica.

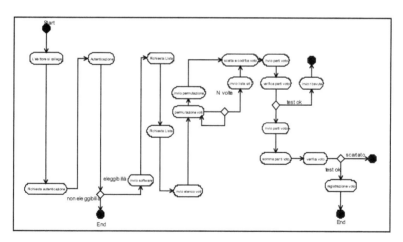

Business Process Diagram.

Conteggio.

1. Il verificatore moltiplica tutti i voti registrati ed ottiene come risultato la somma codificata,

2. la invia alle autorità, le quali, unendo le loro chiavi, decodificano utilizzando l'algoritmo di ElGamal, e pubblicano il risultato finale.

Si evince, immediatamente, che nell'analisi delle specifiche del progetto sono stati esclusi volontariamente:

- la generazione delle chiavi delle autorità,

- la generazione dei generatori di voti e

- la decodifica della somma dei voti.

Questo per dimostrare, ancora una volta, che il sistema è indipendente dalle autorità che gestiranno queste operazioni e di conseguenza sicuro da possibili coercizioni.

Un'altra caratteristica di questo progetto è la mancanza di ricevuta, ovvero di conferma di registrazione del voto. Ciò avviene per garantire la privacy dell'elettore, il quale, per verificare se il suo voto è stato effettivamente conteggiato, può interrogare, tramite lo stesso software client, direttamente la banca dati e trovare il suo voto codificato, ed effettuare la prova che quello è il suo voto confrontando con il risultato dello stesso client.

A questo punto occorre individuare gli attori e le loro responsabilità:

- l'elettore (colui che vota),

- il sistema (la banca dati degli elettori, delle liste elettorali e dei voti),

- le autorità (coloro che si interpongono fra il sistema e l'elettore affinché non ci sia coercizione di voto, assicurando la trasparenza del voto, in quanto solo loro sono in possesso delle chiavi di codifica dei voti),

- il verificatore (colui che verifica che i voti sia corretti, che non vengano persi e che li conteggia).

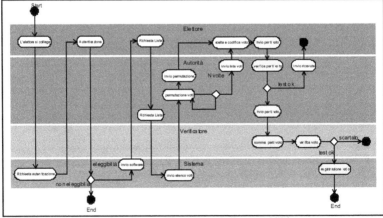

Business Process Diagram con le Responsabilità.

Requirements.

Business Concept Model.

Gli oggetti chiave del dominio di interesse risultano essere:

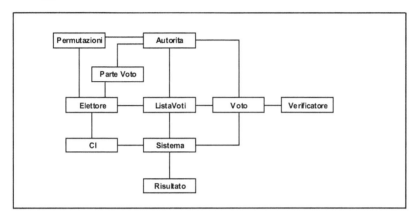

Business Concept Model Diagram.

Dalle relazioni risulta chiaro che l'elettore sceglie il voto fra una lista di voti predefinita preparata dalle Autorità. Il voto scelto sarà poi frazionato e spedito in N parti quante sono le autorità. Ognuna di esse emetterà una ricevuta di verifica della parte di voto di competenza. Le parti di voto validate costituiranno il voto scelto dall'elettore.

Si evidenzia che, mentre le autorità hanno a disposizione l'algoritmo di crittografia e le chiavi, che essi stessi hanno generato, non hanno la possibilità di interagire direttamente con l'elenco dei voti e, soprattutto, dei votanti, anzi ogni autorità ha la visibilità al massimo di una porzione di voto. Viceversa il sistema che conserva i voti codificati e l'elenco dei votanti, non può decodificare nulla. Alla fine delle elezioni i voti codificati verranno moltiplicati e il risultato viene spedito alle autorità che a questo punto possono decodificare solo i risultati finali.

Use Case Model.

Vengono brevemente descritte le interazioni tra gli utenti, il sistema e gli altri sistemi esterni. Essi rappresentano la proiezione dei requisiti di un sistema, espressi sotto forma di interazioni con il sistema.

Use Case Diagram

Lista Use Case.

- Autenticazione.
- Scelta Voto
- Permutazione Liste
- Invio lista permutata
- Verifica Parte Voto
- Ricostruzione Voto
- Verifica Voto e Salvataggio
- Invio Lista Voti
- Invio Software
- Conteggio Voti

Name	Autenticazione
Initiator	Elettore
Goal	L'Elettore si deve autenticare per accedere alla sessione di voto.
	Main success scenario 1 L'Elettore accede al sito e chiede di procedere alla fase di voto. 2 Il Sistema chiede all'Elettore di autenticarsi attraverso l'inserimento della carta d'identità elettronica. 3 Il Sistema verifica la validità dell'Elettore. 4 Il Sistema spedisce il client e il codice identificativo di voto per avviare la fase di voto. **Extensions** 3 L'Elettore non è abilitato al voto oppure ha già votato. End

Name	Scelta Voto
Initiator	Elettore
Goal	L'elettore effettua la scelta di voto fra quelli possibili, la lista dei voti è generata dal client con i dati ricevuti dalle Autorità.
	Main success scenario 1 L'Elettore vuole effettuare la scelta del voto. 2 L'Elettore visualizza la lista dei voti possibili generata dal client. 3 L'Elettore seleziona il voto scelto. 4 Il client chiede conferma del voto. 5 L'Elettore conferma la scelta. 6 Il client effettua prima la codifica di ElGamal, poi divide il voto in N parti e spedisce le stesse alla N Autorità firmate con le chiavi pubbliche. **Extensions** 3 L'elettore vuole annullare il voto. Resume 4

Name	Permutazione Lista
Initiator	Autorità
Goal	L'Autorità permuta casualmente la lista dei voti e la invia al client.
	Main success scenario 1 L'Autorità deve effettuare la permutazione casuale della lista dei voti. 2 L'Autorità riceve la lista dei voti e ne esegue la permutazione. 3 L'Autorità invia la permutazione dei voti al client firmata con la sua chiave privata.

Name	Invio Lista Permutata
Initiator	Autorità
Goal	La lista permutata viene inviata alla successiva autorità, l'ultima la invierà al client.
	Main success scenario
1	L'Autorità deve inviare la lista dei voti permutata alla successiva Autorità.
2	L'Autorità invia la lista dei voti permutata casualmente ad un'altra Autorità.
	Extensions
2	L'ultima Autorità invia la lista al client.
	End

Name	Verifica Parte di Voto
Initiator	Autorità
Goal	Le parti di voto ricevute dai client devono essere verificate.
	Main success scenario
1	Ogni Autorità riceve una parte della scelta di voto generata dal client e deve verificarne la validità e corrispondenza con la lista inviata.
2	L'Autorità riceve la sua parte di voto di competenza.
3	L'Autorità verifica la validità ed emette la ricevuta per il client.
	Extensions
3	La parte di voto non è valida
	La parte di voto viene scartata.

Name	Ricostruzione Voto
Initiator	Verificatore
Goal	Il Verificatore riceve le parti di voto e genera il voto intero codificato.
	Main success scenario
1	Il Verificatore deve ricostruire il voto con le parti ricevute dalla Autorità.
2	Il Verificatore richiede le parti di voto dalle Autorità.
3	Le parti vengono unite per generare il voto finale.
	Extensions
3	Le parti non sono in numero sufficiente.
	Le parti verificate vengono scartate.

Name	Verifica Voto e Salvataggio
Initiator	Verificatore
Goal	Il Verificatore effettua la prova di 1 di L e registra oppure scarta il voto.
	Main success scenario
1	Il Verificatore deve provare che il voto è valido senza svelarne il contenuto.
2	Il Verificatore effettua la prova di 1 di L.
3	Il voto viene registrato codificato.
	Extensions
3	La prova non viene superata
	Il voto viene scartato.

Name	Invio Lista Voti
Initiator	Sistema
Goal	Il Sistema invia la lista dei voti per l'Elettore autenticato alla prima Autorità che effettuerà la permutazione.
	Main success scenario
1	Il Sistema deve inviare la lista dei voti alla prima Autorità.
2	Il Sistema seleziona la lista dei voti possibili per l'elettore autenticato.
3	Il Sistema invia la lista dei voti alla prima Autorità.

Name	Invio Software
Initiator	Sistema
Goal	Il Sistema invia il software client all'Elettore autenticato.
	Main success scenario
1	Il Sistema deve inviare il software client all'elettore autenticato.
2	Il Sistema invia la richiesta al web server.

Name	Conteggio Voti
Initiator	Sistema
Goal	Il Sistema deve conteggiare i voti registrati.
	Main success scenario
1	Il Sistema deve conteggiare i voti senza svelarne il contenuto.
2	Il Sistema moltiplica tutti i voti codificati.
3	Il Sistema pubblica la somma dei voti codificati.

Specifications.

Business Type Model.

Rappresenta l'informazione specifica al business che deve essere mantenuta in memoria dal sistema. Un tipo di business definisce i dati ed è chiaramente riconosciuto dagli utenti e dai manager come un concetto o un processo inerente in business.

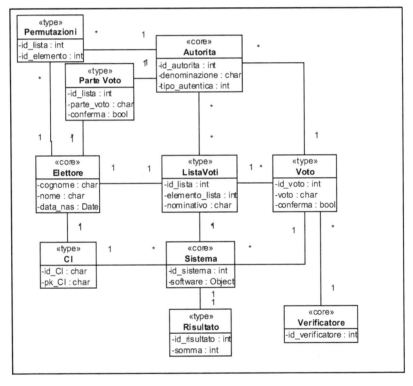

Business Type Model Diagram.

Occorre identificare i tipi base, lo scopo è individuare quale informazione dipende da quale altra, e quale invece può rimanere indipendente. Questo è un passo utile verso l'assegnamento alle interfacce delle responsabilità inerenti all'informazione.

Un tipo base (identificati con lo stereotipo "core") è un tipo di business che esiste all'interno del business in modo indipendente, ed è caratterizzato dalle seguenti proprietà:

- un'identificatore del business, generalmente indipendente da altri identificatori;

- esistenza indipendente, ovvero non ci sono associazioni obbligatorie, a meno che non siano verso un tipo categorizzante.

La regola prevede che venga creata un'interfaccia di business per ognuno dei tipi base nel modello di tipo di business. Ogni interfaccia di business gestisce le informazioni rappresentate dal tipo base e dai tipi che rappresentano i suoi dettagli. Se un tipo non base fornisce dettagli solamente per un altro tipo, viene assegnato alla sua stessa interfaccia, se fornisce dettagli per più tipi, che però ricadono tutti sotto la responsabilità di una data interfaccia, viene ancora assegnato alla stessa interfaccia.

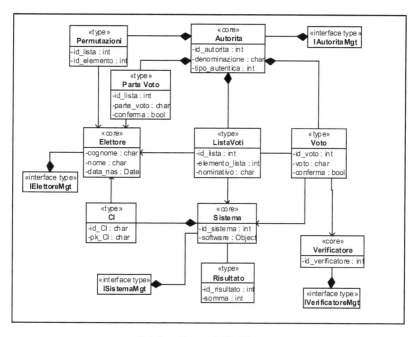

Interface Responsibility Diagram.

Interface Specifications.

Un'interfaccia è un insieme di operazioni. Ogni operazione definisce un servizio o una funzione che dev'essere eseguita dal componente oggetto su richiesta di un client. Un operazione quindi rappresenta un particolare contratto a grana fine tra un client e un componente oggetto.

E' necessario mantenere una rappresentazione dello stato del componente oggetto da cui dipende l'interfaccia. Per far questo, ogni interfaccia ha un modello di informazione. Questo è un modello di tipo, incluso nel diagramma di specifica dell'interfaccia, dei possibili stati del componente oggetto cui l'interfaccia fa riferimento.

Ogni operazione ha una pre- e postcondizione, che specificano l'effetto dell'operazione senza indicare un particolare algoritmo o implementazione.

Interface Specifications Diagrams.

IAutenticazione

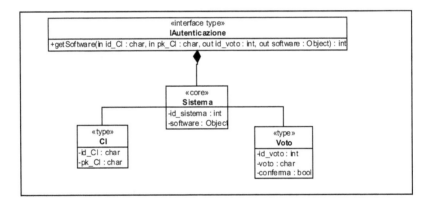

getSoftware (in id_CI: char, in pk_CI: char, out id_voto : int, out software: object): int

Pre: L'id_CI deve essere un identificativo di Carta d'Identità elettronica valido con la relativa chiave pubblica, se non lo fosse il sistema rileva l'anomalia

Post: Restituisce l'identificativo di voto e il client configurato per procedere con la votazione

IListaVotiPermutata

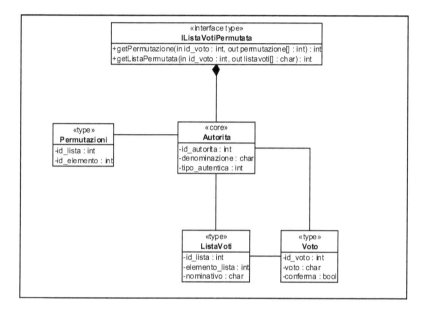

getPermutazioni (in id_voto: int, out permutazione []: int): int

Pre: L'id_voto deve essere un identificativo di voto valido, altrimenti l'autorità restituisce l'errore di non trovato

Post: Restituisce la lista permutata del numero di elementi che compongono la lista dei possibili voti

getListaPermutata (in id_voto: int, out listavoti []: char): int

Pre: L'id_voto deve essere un identificativo di voto valido, altrimenti l'autorità restituisce l'errore di non trovato

Post: Restituisce la lista di voti permutata

IListaVoti

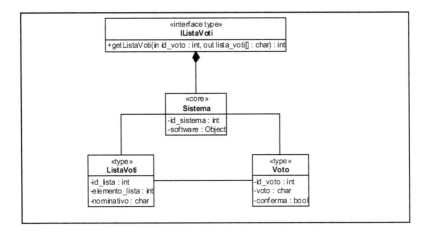

getListaVoti (in id_voto: int, out lista_voti []: char): int

Pre: L'id_voto deve essere un identificativo di voto precedentemente rilasciato, altrimenti il sistema restituisce l'errore di identificativo nullo

Post: Restituisce la lista dei possibili voti in base al profilo dell'elettore

IInvioParteVoto

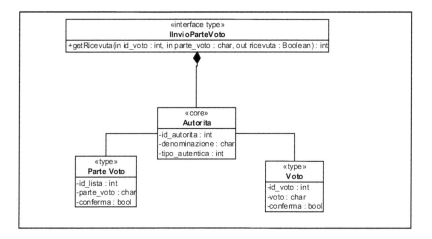

getRicevuta (in id_voto: int, in parte_voto: char, out ricevuta: boolean): int

Pre: L'id_voto deve essere un id_voto precedentemente riconosciuto valido, la parte_voto deve essere una parte del voto codificata con l'algoritmo di ElGamal

Post: se il test di verifica risulta positivo restituisce un boolean vero, altrimenti restituisce il valore falso

ICalcolaVoto

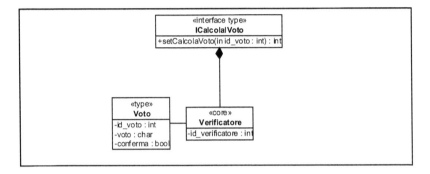

setCalcolaVoto (in id_voto: int): int

Pre: L'id_voto deve essere un id_voto precedentemente riconosciuto valido

Post: se l'id_voto è valido viene avviata la richiesta delle parti di voto e dopo vengono assemblate per formare il voto finale codificato

IParteVoto

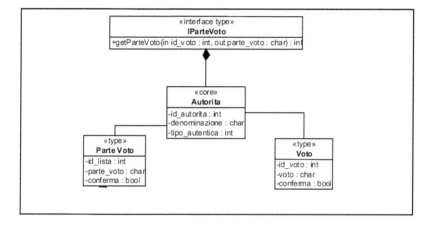

getParteVoto (in id_voto: int, out parte_voto: char): int

Pre: L'id_voto deve essere in id_voto precedentemente riconosciuto valido

Post: se l'id_voto è valido viene restituita la parte di voto codificata associata

IRegistraVoto

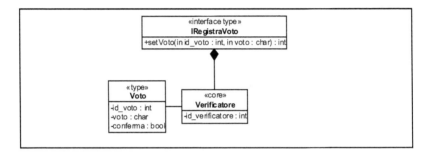

setVoto (in id_voto: int, in voto: char): int

Pre: L'id_voto deve essere un id_voto precedentemente riconosciuto valido, mentre il voto deve aver superato la validazione di voto 1 di L

Post: se le condizioni si verificano viene registrata la conclusione di operazione di voto e il voto codificato viene inserito nell'urna elettronica, altrimenti viene registrata l'annullamento dell'operazione di voto

---

ICalcolo

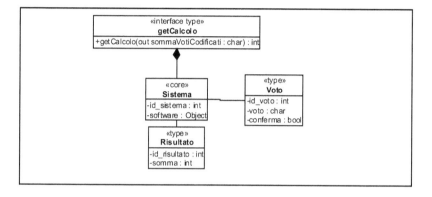

---

getCalcolo (out sommaVotiCodificati: char): int

Pre: l'elezioni devono essere concluse

Post: restituisce la somma dei voti codificati da restituire alle autorità

Component Specifications.

La specifica dei componenti mettono in evidenza le informazioni cui devono essere a conoscenza i responsabili dell'implementazione e dell'integrazione del componente, e in particolare le dipendenze del componente da altre interfacce.

Component Specifications Diagrams.

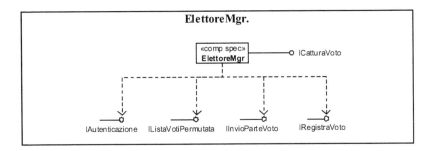

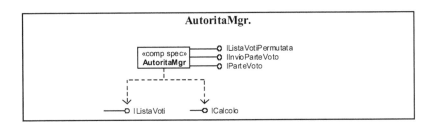

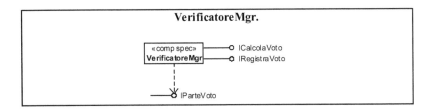

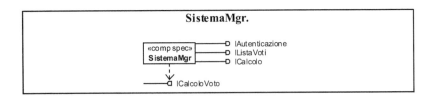

Component Architecture.

Component Architecture Diagram.

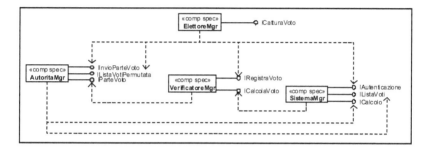

Provisioning.

La tecnologia obiettivo che più si addice alle caratteristiche di questo progetto a componenti, è Enterprise JavaBeans. La scelta è stata dettata principalmente dal fatto che trattandosi di una implementazione nuova si è voluto scegliere un ambiente indipendente dalla piattaforma. Oltretutto sviluppando in un ambiente a componenti come EJB si possono sfruttare i servizi di infrastruttura come il supporto alle transazioni, alla sicurezza ed alla concorrenza.

Implementazione dei componenti.

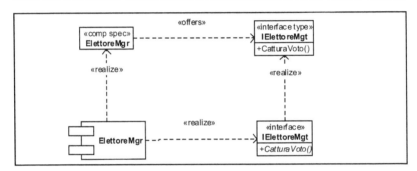

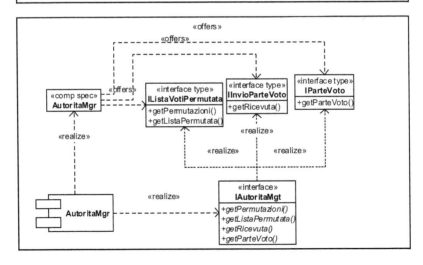

Componente VerificatoreMgr.

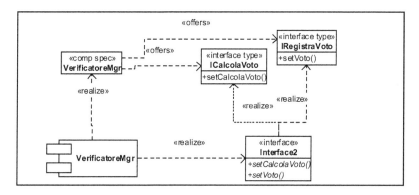

Componente SistemaMgr.

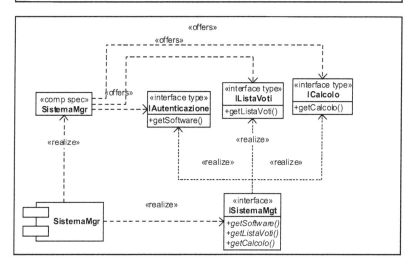

Corrispondenze e restrizioni nella realizzazione.

Parametri delle operazioni.

EJB utilizza il meccanismo di chiamata remota denominato Java Remote Metod Invocation (JRMI), di conseguenza tutti i parametri devono seguire le regole di JRMI, in particolare quelli per valore devono essere serializzabili. Una conseguenza importante dell'uso di JRMI è che non è possibile implementare direttamente parametri in uscita, quindi tutte le informazioni in output devono essere restituite attraverso il tipo di ritorno dell'operazione.

Meccanismo di gestione di errori ed eccezioni.

EJB è basato su Java e usa il meccanismo di gestione delle eccezioni integrato nel linguaggio. La scelta progettuale di gestione degli errori è stata quella di usare le eccezioni solamente quando l'operazione viola il suo specifico contratto. Per cui tali eccezioni non compaiono nelle specifiche, mentre gli stati descritti nelle pre e post condizioni vengono trasmessi per mezzo dei parametri di ritorno. In particolare si è voluta utilizzare la convenzione che le operazioni di get restituiscano il valore null o lista vuota se non trovano nessuna corrispondenza, mentre le operazioni di set restituiscono un intero che rappresenta lo stato dell'operazione (0=eseguita, 1=errore).

Supporto delle interfacce e della loro ereditarietà.

Per una classe Java che viene registrata come EJB in un ambiente di componenti EJB si deve indicare una sola interfaccia, chiamata interfaccia remota; il container fornisce una classe che supporta tale interfaccia remota che a sua volta delega l'esecuzione alla classe originale. Per cui nel caso di componente con più interfacce si è deciso di raggruppare tutte le funzionalità sotto un unica interfaccia remota.

Creazione degli oggetti.

Si è deciso di chiamare i componenti oggetto che creano le istanze per un determinato componente (obiect factory) aggiungendo la parola Home, per distingerli dalla classe che rappresentano. Nel caso degli entity bean oltre alla specifica dell'implementazione è necessario fornire anche l'implementazione.

Trasferimento dei dati.

L'adozione di uno standard per la manipolazione dei dati è dettato dall'esigenza di fornire un formato portabile e facilmente modificabile. Per cui la scelta è ricaduta verso XML che rappresenta il formato più flessibile per la rappresentazione dei dati. Si è considerato, oltretutto, la caratteristica di aver progettato a componenti, che facilmente potranno essere sostituiti o modificati, così come le loro interfacce, di conseguenza anche i dati potranno subire la stessa sorte ed XML sembra quello corrispondere di più all'esigenza del cambiamento.
Per la memorizzazione dei dati verranno adottati database relazionali commerciali per far fronte a esigenze di consistenza e sicurezza.

Architecture mapping.

Il nostro approccio è suddividere i componenti in più livelli distinti, assegnando ad ogni livello responsabilità differenti.

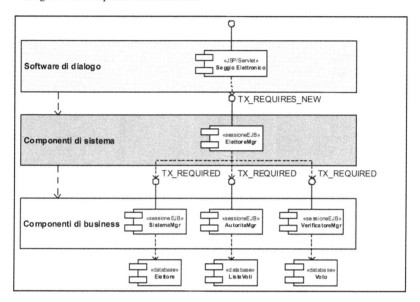

Il livello di dialogo è responsabile della gestione del dialogo con l'utente, nel nostro caso è rappresentato da un unico componente, ma corrisponde ad un sistema web (pagine JSP, Servlet e Javabean), che dovrà memorizzare e gestire lo stato corrente del dialogo. In particolare lo stato dei dati è memorizzato su un Javabean non condiviso.

Il componente di sistema "ElettoreMgr" offre la sua interfaccia le cui operazioni sono transazioni di business e ciò corrisponde in EJB a TX_REQUIRES_NEW. Il componente attraverso le sue interfaccie rappresenta i casi d'uso gestiti dal sistema di dialogo con l'utente, per cui non hanno bisogno di essere condivisi e saranno modellati attraverso EJB di session di tipo STATELESS.

I componenti di business offrono interfacce le cui operazioni fanno parte di una transazione a livello di business, ma non sono transazioni autonome, in EJB corrisponde a TX_REQUIRED. Abbiamo derivato dal Business Type Model dei componenti manager, che gestiscono un gran numero di istanze dei tipi di business. Ogni client che deve accedere o processare quelle istanze deve passare un qualche tipo di identificatore dell'istanza all'operazione dell'interfaccia manager. Essendo implementati in EJB useremo dei bean di sessione, in modo che ogni client abbia il proprio manager.

La condivisione dei dati è affidato al container attraverso la dichiarazione di Entity Bean di tipo CMP che mappano il database sottostante, mentre il controllo delle transazioni (gestito sempre dal container) si dichiara nel file descriptor di deployment.

Java 2 Enterprise Edition (J2 EE).

J2EE è un evoluzione in linguaggio Java delle cosiddette applicazioni client-server dei primi anni '90. In queste applicazioni l'interfaccia utente veniva eseguita sul desktop del computer locale, chiamato client-side, lo scambio di informazioni avveniva con un database del computer remoto, server-side. Queste applicazioni iniziarono con l'avvento dei webserver e delle Common Gateway Interface (CGI) . Le CGI introdussero l'idea del contenuto dinamico e cioè di pagine web generate dal server in risposta alle richieste del client. Gli scripts CGI possono essere scritti in ogni linguaggio, sebbene il Perl e il C, siano le scelte più comuni. Anche se le applicazioni client-server inizialmente furono molto innovative, ben presto ci si rese conto dei loro limiti. Infatti la business logic della applicazione risiedeva nel lato client e ogni volta che necessitava di modifiche, doveva essere reinstallata su ogni macchina client. La manutenzione diveniva così molto complessa.

Inoltre queste applicazioni dovevano gestire delle transazioni commerciali in un mercato globale che richiedeva degli standard di sicurezza sempre più elevati. Una volta che i limiti dell'approccio client-server diventavano sempre più evidenti, la comunità di sviluppatori Java cercò soluzioni più adeguate e trovò la sua risposta nel modello *multitier* (multistrato).

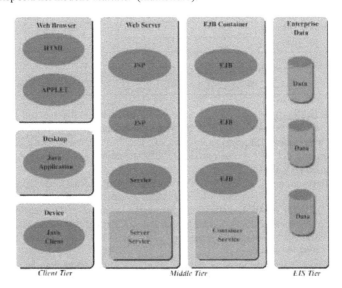

Client: Può essere una pagina Html, un'applet, che viene eseguita all'interno di un browser, una applicazione Java eseguita sul desktop, Java Web Start od ogni altro client Java anche portabile come ad esempio i telefoni cellulari e palmari.

Middle-tier: è costituito da servlet/JSP che, eseguite all'interno di un server, gestiscono la presentation logic dell'applicazione e dagli Enterprise Java Bean (EJB) che forniscono la business logic.

Eis-tier: L'Enterprise Information System (EIS) è un repository (deposito) per i dati. Generalmente è costituito da un relational database system.

Benefici del modello multitier

Suddivisione dei ruoli: In un progetto multitier è possibile dividere lo sviluppo di ogni strato dell'applicazione in base alle figure professionali considerando i singoli strati come se fossero parti indipendenti l'una dall'altra. Il contenuto delle pagine Html viene affidato ai graphic designer, i web developer sviluppano la interfaccia grafica e la presentation logic usando servlets e JSP. I Java senior developer incapsulano la business logic all'interno degli EJB. Gli application assembler mettono insieme i vari componenti creando gli Enterprise Archive File (EAR). Gli application deployer e l'administator installano e configurano l' applicazione (deployment)

E' **scalabile**, permettendo ai vari componenti di essere distribuiti su più macchine, aggiornati e cambiati velocemente

Integrazione con sistemi esistenti: La piattaforma J2EE include un numero di API standard per accedere ad esistenti sistemi di informazione.

Queste API sono:

J2EE Connector: è un architettura per interagire con vari tipi di EIS compresi ERP, CRM, SAP etc.

JDBC: librerie usate per l'accesso ai dati relazionali tramite linguaggio Java.

JTA (Java Transaction API): per la gestione e il coordinamento delle transazioni

JNDI (Java Naming and Directory Interface): fornisce funzionalità di naming e directory, come la associazione degli attributi con gli oggetti e la ricerca degli oggetti tramite i loro attributi. Usando JNDI, un'applicazione può immagazzinare e recuperare ogni tipo di oggetto Java.

JMS (Java Message Service): per spedire e ricevere messaggi all'interno del sistema enterprise, simile a IBM MQSeries o TIBCO Rendezvous

Java Mail: per spedire e ricevere messaggi di posta elettronica

Java IDL: fornisce un meccanismo per collegarsi a servizi CORBA

Java API for XML: fornisce un supporto per l'XML

Grande **varietà di scelta** di IDE Tool e Server presenti sul mercato.

Elevato livello di sicurezza: Gli sviluppatori dei componenti possono specificare requisiti di sicurezza al livello di metodo per assicurare che solo utenti con appropriati permessi possano accedere a specifiche operazioni sui dati.

eXtensible Markup Language (XML).

L'XML è un linguaggio di markup aperto e basato su testo che fornisce informazioni di tipo strutturale e semantico relative ai dati veri e propri. Questi "dati sui dati", o *metadati*, offrono un contesto aggiuntivo all'applicazione che utilizza i dati e consente un nuovo livello di gestione e manipolazione delle informazioni basate su Web.

L'XML, derivazione del noto linguaggio SGML (Standard Generalized Markup Language), è stato ottimizzato per il Web, diventando potente complemento dell'HTML basato su standard. L'importanza dell'XML nel futuro delle informazioni sul Web potrebbe pertanto giungere ad eguagliare quella dell'HTML agli albori.

L'Extensible Markup Language (XML) è un metalinguaggio che permette di creare dei linguaggi personalizzati di markup; nasce dall'esigenza di portare nel World Wide Web lo Standard Generalized Markup Language (SGML), lo standard internazionale per la descrizione della struttura e del contenuto di documenti elettronici di qualsiasi tipo; ne contiene quindi tutta la potenza, ma non tutte le complesse funzioni raramente utilizzate. Si caratterizza per la semplicità con cui è possibile scrivere documenti, condividerli e trasmetterli nel Web.

L'utilizzo di XML permette di superare il grosso limite attuale del Web, che è quello della dipendenza da un tipo di documento HTML, singolo e non estensibile. Questo linguaggio è nato per permettere agli utenti del World Wide Web di condividere le informazioni su sistemi differenti; il presupposto era che quelle informazioni fossero testo con al più alcune immagini e collegamenti ipertestuali. Attualmente però, le informazioni sul World Wide Web sono database di testo, immagini, suoni, video, audio. Quindi l'HTML è stato chiamato sempre più di frequente a fornire soluzioni a problemi che non aveva lo scopo di risolvere, come dover descrivere tipi differenti e specifici di informazioni, definire relazioni complesse di collegamenti fra documenti, trasmettere informazioni in diversi formati. Per superare questi problemi, sono state create delle estensioni dell'HTML, spesso fra loro incompatibili.

L'XML permette a gruppi di persone o ad organizzazioni di creare il proprio linguaggio di markup, specifico per il tipo di informazione che trattano; per molte applicazioni e per diversi settori, gli esperti hanno già creato linguaggi di markup specifici, come ad esempio il Channel Definition Format, il Mathematical Markup Language ed altri.

XML fu sviluppato da XML Working Group (originariamente noto come SGML Editorial Review Board) costituitosi sotto gli auspici del World Wide Web Consortium (W3C) nel 1996. Esso era presieduto da Jon Bosak della Sun Microsystems con la partecipazione attiva dell'XML Special Interest Group (precedentemente noto come SGML Working Group) anch'esso organizzato dal W3C.

L'obiettivo di questo gruppo di lavoro era di portare il linguaggio SGML nel Web. L'SGML è un linguaggio per la specifica dei linguaggi di markup ed è il genitore del ben noto HTML.

La progettazione dell'XML venne eseguita esaminando i punti di forza e di debolezza dell'SGML. Il risultato è uno standard per i linguaggi di markup che contiene tutta la potenza dell'SGML ma non tutte le funzioni complesse e raramente utilizzate. L'XML venne mostrato per la prima volta al pubblico quando l'SGML celebrò il suo decimo anno.

Gli obiettivi progettuali di XML sono:

XML deve essere utilizzabile in modo semplice su Internet: in primo luogo, l'XML deve operare in maniera efficiente su Internet e soddisfare le esigenze delle applicazioni eseguite in un ambiente di rete distribuito.

XML deve supportare un gran numero di applicazioni: deve essere possibile utilizzare l'XML con un'ampia gamma di applicazioni, tra cui strumenti di creazione, motori per la visualizzazione di contenuti, strumenti di traduzione e applicazioni di database.

XML deve essere compatibile con SGML: questo obiettivo è stato definito sulla base del presupposto che un documento XML valido debba anche essere un documento SGML valido, in modo tale che gli strumenti SGML esistenti possano essere utilizzati con l'XML e siano in grado di *analizzare* il codice XML.

Deve essere facile lo sviluppo di programmi che elaborino documenti XML: l'adozione del linguaggio è proporzionale alla disponibilità di strumenti e la proliferazione di questi è la dimostrazione che questo obiettivo è stato raggiunto.

Il numero di caratteristiche opzionali deve essere mantenuto al minimo possibile: al contrario dell'SGML, l'XML elimina le opzioni, in tal modo qualsiasi elaboratore potrà pertanto analizzare qualunque documento XML, indipendentemente dai dati e dalla struttura contenuti nel documento.

I documenti XML dovrebbero essere leggibili da un utente e ragionevolmente chiari: poiché utilizza il testo normale per descrivere i dati e le relazioni tra i dati, l'XML è più semplice da utilizzare e da leggere del formato binario che esegue la stessa operazione; inoltre poiché il codice è formattato in modo diretto, è utile che l'XML sia facilmente leggibile da parte sia degli utenti che dei computer.

La progettazione di XML dovrebbe essere rapida: l'XML è stato sviluppato per soddisfare l'esigenza di un linguaggio estensibile per il Web. Questo obiettivo è stato definito dopo aver considerato l'eventualità che se l'XML non fosse stato reso disponibile rapidamente come metodo per estendere l'HTML, altre organizzazioni avrebbero potuto provvedere a fornire una soluzione proprietaria, binaria o entrambe.

La progettazione di XML deve essere formale e concisa: questo obiettivo deriva dall'esigenza di rendere il linguaggio il più possibile conciso, formalizzando la formulazione della specifica.

I documenti XML devono essere facili da creare: i documenti XML possono essere creati facendo ricorso a strumenti di semplice utilizzo, quali editor di testo normale.

Non è di nessuna importanza l'economicità nel markup XML: nell'SGML e nell'HTML la presenza di un tag di apertura è sufficiente per segnalare che l'elemento precedente deve essere chiuso. Benché così sia possibile ridurre il lavoro degli autori, questa soluzione potrebbe essere fonte di confusione per i lettori, nell'XML la chiarezza ha in ogni caso la precedenza sulla concisione.

L'XML è spesso considerato una sostituzione dell'HTML. Sebbene questo possa essere in parte vero, in realtà i due linguaggi sono complementari e, relativamente al modo in cui vengono trattati i dati, operano su livelli differenti. Nei casi in cui l'XML viene utilizzato per strutturare e descrivere i dati sul Web, l'HTML è usato per formattare i dati.

L'XML si differenzia dall'HTML per tre maggiori aspetti:

- Possono essere definiti nuovi tag ed attributi.

- La struttura di un documento può essere vista in modo gerarchico nidificando i tag in ogni livello di complessità.

- Ogni documento XML può contenere una opzionale descrizione della sua grammatica, in modo che possa essere utilizzata da applicazioni che richiedono una validazione della struttura del documento.

L'XML è importante in due classi di applicazioni Web: la creazione di documenti e lo scambio dei dati; i server Web attualmente utilizzati richiedono, per essere in grado di servire documenti XML, minime modifiche di configurazione; inoltre il metodo standard di collegamento e la connessione dei documenti XML, utilizza gli URL, che vengono interpretati correttamente della maggior parte del software per Internet.

La sintassi dell'XML è molto simile a quella dell'HTML, ma molto più rigida e severa; anche se al primo impatto questa caratteristica non sembra una proprietà positiva, (soprattutto per chi dovrà scrivere documenti XML), è stata volutamente introdotta dal gruppo di studio del W3C, per facilitare lo sviluppo di applicazioni basate sull'XML e aumentarne le prestazioni (si pensi ad un browser). Inoltre una sintassi chiara e pulita, aumenta la leggibilità di un documento (questo vale in generale); a questo proposito si può dire che una sintassi chiara e pulita, unita alla possibilità di creare un proprio set di markup, contribuirà a rendere un file XML leggibile quanto un file di solo testo (e in alcuni casi di più).

L'XML non è limitato a un insieme fisso di tipi di elementi, ma permette di definire e utilizzare elementi e attributi personalizzati; per far questo viene fornita una sintassi con cui è possibile specificare gli elementi e gli attributi che possono essere utilizzati all'interno dei documenti. In altre parole è possibile creare un modello, chiamato Document Type Definition (DTD), che descrive la struttura e il contenuto di una classe di documenti; lo stesso XML ha un proprio DTD (attualmente descritto nella specifica REC-xml-19980210) in cui vengono elencate le regole della specifica stessa del linguaggio. Con l'XML è anche introdotta una classe di documenti che fa riferimento al solo DTD dell'XML.

L'XML permette di creare dei tag personalizzati; inoltre uno stesso documento XML può essere utilizzato per scopi diversi da applicazioni diverse. Il gruppo di lavoro del W3C ha pensato ad un metodo per individuare le convenzioni che governano l'utilizzo di un particolare set di elementi; l'idea è quella di utilizzare un namespace, cioè un documento in cui viene definito l'utilizzo di un particolare set di elementi; un documento XML può far riferimento ad un namespace attraverso un indirizzo Web. Il documento di riferimento è il WD-xml-names-19990114.

L'XML può essere utilizzato come piattaforma per lo scambio di dati tra le applicazioni, ciò è possibile perché è orientato alla descrizione dei dati.

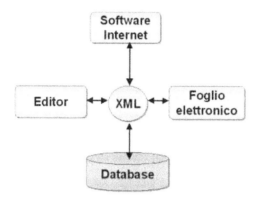

Poniamo il caso che si voglia scambiare le informazioni di database su Internet. Si immagini di utilizzare un browser per rinviare al server le informazioni su un questionario compilato dagli utenti. Questo processo, come molti altri, richiede un formato che possa essere personalizzato per un utilizzo specifico e che sia una soluzione aperta non proprietaria.

L'XML è la soluzione per questo tipo di problema. Questo linguaggio in futuro diventerà sempre più importante per lo scambio di dati su Internet.

L'XML è in grado di fornire una sola piattaforma per lo scambio di dati tra le applicazioni. Era sempre stato difficile trovare un formato di interscambio che potesse essere utilizzato per il trasferimento di dati tra database di fornitori differenti e sistemi operativi diversi. Quel tipo di interscambio è ora diventato una delle applicazioni principali dell'XML.

Le pagine HTML hanno l'unico scopo di essere visualizzate da un browser (infatti si dice che i dati nell'HTML sono orientati al video); per questo è molto difficile l'elaborazione successiva delle informazioni contenute nelle pagine HTML. I documenti basati sull'XML invece, non fanno supposizioni su come verranno utilizzati dal client; così le informazioni ricevute possono essere utilizzate da un'applicazione che comprende il linguaggio XML, utilizzando i dati ivi contenuti in altri processi software; quindi uno stesso documento può essere facilmente utilizzato per scopi diversi.

Il collegamento ipertestuale è una caratteristica specifica dell'HTML; attualmente però, esso supporta solo un tipo di collegamento, che è quello unidirezionale; in un vero sistema ipertestuale i tipi di collegamento sono diversi. Anche se l'XML è uno standard, molte cose sulle tecnologie correlate, quali i fogli di stile ed il collegamento, sono ancora in fase di sviluppo; quindi il modo esatto in cui il collegamento deve essere implementato nell'XML è ancora in fase di studio. Sicuramente dovrà essere compatibile con i meccanismi di collegamento HTML esistenti, supportare l'estensibilità e le proprietà intrinseche dell'XML e implementare i vari tipi di collegamenti propri di un vero sistema ipertestuale. Attualmente lo standard di riferimento è l'Extensible Linking Language (XLL) del 3/3/1998; è stato diviso in due parti: XML Linking Language (XLink) e XML Pointer Language (XPointer).

L'XSL definisce la specifica per la presentazione e l'aspetto di un documento XML: è stato presentato nel 1997 da un consorzio di industrie software (tra cui anche la Microsoft) al W3C perché lo approvasse come linguaggio di stile standard per i documenti XML. L'XSL è un sottoinsieme del Document Style Semantics and Specification Language (DSSSL), il linguaggio di stile utilizzato in ambiente SGML; gode delle proprietà di essere estensibile, potente ma nello stesso tempo di facile utilizzo.

Con l'XSL è possibile creare fogli di stile che permettono la visualizzazione di un documento XML in un qualsiasi formato (audio, video, braille, etc.). Attualmente lo standard di riferimento è il documento WD-xsl-19990421.

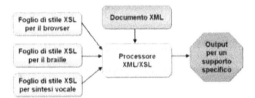

Si possono individuare quattro categorie di applicazioni che utilizzeranno l'XML:

- Applicazioni che richiedono al Web client di mediare tra due o più database eterogenei.

- Applicazioni che tentano di distribuire i processi di caricamento dell'informazione dal Web server al Web client.

- Applicazioni che richiedono al Web client di presentare differenti viste degli stessi dati ad utenti differenti.

- Applicazioni nelle quali motori di ricerca Web tentano di ritagliare le informazioni scoperte, ai bisogni individuali degli utenti.

L'alternativa all'XML, per queste applicazioni, sono codici proprietari inseriti come script nei documenti HTML. La filosofia dell'XML invece, si basa sul fatto che il formato dei dati non sia legato a nessuno script in particolare, e sia uno standard indipendente da qualsiasi organizzazione proprietaria.

System Architecture.

Schema fisico.

La progettazione dell'architettura del sistema deve certamente tener conto delle problematiche annunciate nei capitoli precedenti, in particolar modo a quelle relative alla sicurezza, all'affidabilità, alla disponibilità ed alla continuità del servizio. A questo proposito è convenuto analizzare per importanza e similitudine i modelli che vengono utilizzati per implementare servizi quali mail-server ovvero portali per il commercio elettronico.

Conviene innanzitutto evidenziare che esistono vari livelli nel disegno di un architettura di un sistema (soprattutto se complesso come questo). Le architetture moderne, inoltre, hanno la caratteristica di esprimersi come sistemi assemblati, dove più tecnologie contribuiscono al raggiungimento dell'obiettivo.

Si distinguono i livelli logici "layer", da quelli fisici "tier". Ecco una classificazione dei primi utile per identificare e specializzare i componenti che li rappresentano:

User Interface, è la presentazione dell'informazione agli utenti (anche altri sistemi) e la cattura dei loro input, crea cosa l'utente vede; tratta la UI logic.

User Dialog, è management dello user's dialog in una sessione, lo stato transiente corrisponde al dialogo.

System Services (Servizi di Sistema), è la rappresentazione esterna del sistema, che fornisce accesso ai suoi servizi, é una *facade* per il layer sottostante, fornendo un contesto nel quale i business service più generali sono utilizzati per un particolare sistema.

Business Services (Servizi di Business / Applicativi), è l'implementazione delle core business information, regole e trasformazioni; le operazioni possono essere combinate con altre in transazioni e tipicamente ha un database associato.

Installazione dei componenti.

L'applicazione, come più volte citato, è di tipo web, ciò significa che l'utente interagisce con il sistema utilizzando la rete Internet.

La tabella di seguito evidenzia la specializzazione di ogni componente e soprattutto la tecnologia utilizzata nell'ambiente J2EE.

Componente	Ambiente di esecuzione	Architettura
ElettoreMgr	Web client + Java Val Machine	Applet Java
AutoritaMgr	Application Server J2EE	Enterprise Java Bean
VerificatoreMgr	Application Server J2EE	Enterprise Java Bean
SistemaMgr	Application Server J2EE	Enterprise Java Bean

Il client dell'elettore si collega al sistema attraverso Internet, per cui sarà presente una batteria di web server. Dopo l'autenticazione dell'elettore, che avviene tramite la sua carta d'identità elettronica, si instaura una connessione sicura utilizzando il protocollo SSL, per cui ci saranno web server normali e del tipo https, e si installa il componente client.

I web server si trovano nella Delimitarized Zone, ovvero la web farm, delimitata da una doppia batteria di firewall. All'interno invece sono presenti tutte le macchine che elaborano le attività elencate nel capitolo precedente.

In particolare sono presenti i server delle Autorità, del Verificatore e del Sistema. La specializzazione dei componenti installati su macchine differenti consente una grande capacità di carico di lavoro in quanto è possibile trovare a runtime molte istanze dello stesso componente (questo è possibile anche perché di tipo stateless).

Le informazioni vengono prelevate da due basi dati differenti. I motivi per distinguere le due fonti di dati sono dettati da problemi di sicurezza (nel caso delle carte d'identità) e di privacy (nel caso dei voti codificati). In particolare la banca dati delle carte d'identità degli elettori è visibile attraverso un gateway.

I vari componenti interagiscono fra di loro utilizzando il protocollo RMI-IIOP.

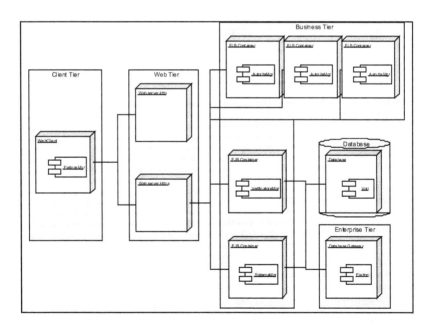

Qui di seguito è illustrato lo schema tecnologico utilizzato.

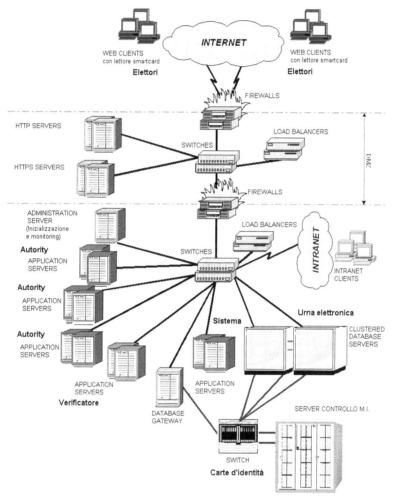

Schema sintetico dell'architettura di sistema.

Come è prevedibile tutti i sistemi sono presenti in modo ridondante, per assicurare un ottimo livello di qualità di servizio, anche attraverso l'utilizzo di bilanciatori di carico di lavoro.

Tecnologie utilizzate.

Di seguito vengono descritte brevemente le tecnologie implicate nel sistema informativo e le loro caratteristiche salienti.

Carta d'identità elettronica.

La CIE è una carta a microprocessore in grado di ospitare applicazioni che possono essere sviluppate anche da terze parti.

L'architettura di riferimento della CIE è stata progettata per garantire l'indipendenza delle applicazioni dai sistemi operativi delle carte e permettere la realizzazione dei servizi qualificati che sfruttino al meglio le caratteristiche di versatilità e sicurezza delle carte a microprocessore.

La figura illustra l'architettura del sistema. Le aree colorate evidenziano le funzioni software che sono fornite dal Ministero dell'Interno.

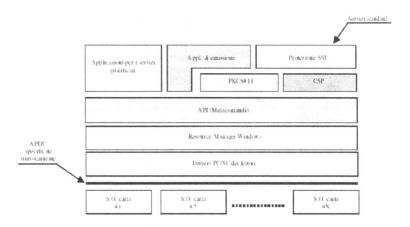

La compatibilità tra i sistemi operativi è realizzata a livello di APDU (Application Protocol Data Unit). Questo significa che il produttore di ciascuna carta/sistema operativo, deve verificare il set di comandi definito appositamente per la CIE dal Ministero dell'Interno, eventualmente apportando al sistema operativo tutte le modifiche necessarie ai fini dell'interoperabilità delle carte.

Facendo sempre riferimento allo schema precedente, il Resource Manager di Windows viene utilizzato per consentire a prescindere rispetto alle specificità dei lettori di chip, che devono essere però equipaggiati di driver PC/SC.

Ovviamente la portabilità di questa architettura verso altri ambienti è possibile, in quanto non esistono limitazioni tecnologiche.

Le API (cioè i metacomandi) rappresentano l'interfaccia tra le applicazioni e la carta a microprocessore. Esse sono standard, sono pubblicate dal Ministero dell'Interno e possono essere utilizzate per realizzare applicazioni che sfruttano le risorse delle carte a microprocessore, prescindendo dal tipo di carta (purchè aderente alle specifiche pubblicate).

Lo strato intermedio PKCS#1 può essere utilizzato dagli attuali browser per funzioni native di sicurezza che sfruttano il protocollo SSLv3, supportato in modo nativo dai più diffusi prodotti commerciali.

Processo di Strong Authentication.

Questo processo consente la identificazione da remoto della carta per la fruizione dei servizi erogati da una applicazione residente presso una Pubblica Amministrazione Centrale.

1. L'applicazione client stabilisce la comunicazione con l'applicazione server;

2. L'applicazione server richiede all'applicazione client il file "C Carta" contenente il certificato (ID_Carta più la chiave pubblica $K_{pub\ della\ carta}$);

3. L'applicazione client interroga la carta e legge tale file mediante i comandi APDU: SELECT FILE (C_CARTA) READ BINARY;

4. L'applicazione client invia il file "C Carta" al server;

5. L'applicazione server verifica la validità del certificato mediante MI_{pub} ed estrae da esso ID Carta e K_{pub};

6. L'applicazione server genera una stringa di challenge e la invia al client rimanendo in attesa della risposta;

7. L'applicazione client seleziona K_{pri} mediante MSE (Manage Security Environment). In tal modo K_{pri} è attivata e verrà usata in tutte le successive operazioni di cifratura effettuate dalla carta. Mediante il comando PSO (perform Security Operation) la carta esegue la cifratura del challenge usando K_{pri} precedentemente attivata, e restituisce all'applicazione client la stringa ottenuta. La chiave privata che è stata generata dalla carta in fase di inizializzazione, risulta invisibile dall'esterno e comunque impossibile da estrarre dalla carta.

8. Il client invia al server in attesa il challenge firmato ricevuto dalla carta;

9. L'applicazione server verifica la stringa ricevuta e la confronta con il challenge precedentemente generato. Se tale confronto ha esito positivo la carta è autenticata. A questo proposito è necessario che l'algoritmo di verifica, residente sul server, sia compatibile con quello usato dalla carta per cifrare il challenge.

Client.

I clients, ossia le postazioni utilizzate dagli utenti per votare, sono rappresentate da macchine con nessuna tecnologia particolare (infatti sarebbe controproducente prevedere una configurazione hardware o software specializzata) le uniche componenti che dovranno essere presenti saranno:

- Browser web di qualsiasi versione o produttore (purchè supporti la tecnologia SSL)

- Java Virtual Machine

- Lettore di smart-card per la lettura della carta d'identità elettronica.

Mentre le prime due opzioni si trovano ormai su qualsiasi sistema operativo, l'ultima è un componente che verrà fornito (a richiesta ad un costo bassissimo) insieme alla carta d'identità elettronica, e segue le specifiche per la firma digitale dettate dall'AIPA per le transazioni di e-government.

Secure Sockets Layer.

Uno dei modi più semplici per utilizzare la Carta d'Identità Elettronica in condizioni di sicurezza è quella di sviluppare applicazioni in architettura web e quindi sfruttare le funzioni che browser di larga diffusione rendono disponibili.

In particolare è possibile utilizzare in modo semplice, senza la necessità di sviluppare software aggiuntivo ma limitandosi ad operazioni di configurazione, le funzionalità del protocollo SSL.

SSL è sostanzialmente una libreria di programmi che consentono realizzare un canale di comunicazione che gode delle seguenti caratteristiche:

- riservatezza del contenuto dei messaggi,

- integrità dei messaggi,

- mutua autenticazione delle parti coinvolte.

Tali caratteristiche, valide qualunque sia la rete di comunicazione utilizzata, vengono ottenute con i seguenti procedimenti:

- la mutua autenticazione tra server e client, basata sull'utilizzo di una coppia di chiavi asimmetriche;

- crittografia dei dati trasmessi (che è di tipo simmetrico);

- l'integrità dei messaggi utilizzando funzioni hash con chiave.

Per l'autenticazione delle parti, SSL prevede l'uso di certificati digitali del tipo X509v3 (come quello presente nella CIE).

Il grosso vantaggio offerto da SSL risiede nel fatto che web browser e web server sono già predisposti, se opportunamente configurati, per garantire i livelli di sicurezza sopra descritti.

L'utilizzo del protocollo SSL considerando la sua implementazione sui maggiori server commerciali, richiede che, sia sul server cha sul client, siano presenti una coppia di chiavi asimmetriche e che su entrambi in fase di apertura di sessione sia possibile ottenere il certificato della controparte. Ovviamente, nel caso specifico le informazioni relative al client sono contenute nella smart card della CIE.

Rete.

La rete è la rete Internet, per cui nessuna caratteristica è richiesta, si utilizza solo il protocollo di trasporto TCP/IP su cui viaggeranno pacchetti HTTP.

Si considera tutta l'infrastruttura che si interpone fra i clients e il portale del Ministero dell'Interno. Per quanto riguarda il client si consiglia l'utilizzo di una connessione veloce (tipo DSL), mentre dal lato Ministero è prevista l'adozione di una moltitudine di connessioni (pooling di connessioni) dirette con i maggiori providers italiani o dorsali internazionali.

Quest'ultima caratteristica rappresenta l'esigenza di assicurare un discreto livello di disponibilità di servizio, inteso sia a garantire un bilanciamento del carico di lavoro derivante dalla moltitudine di richieste contemporanee, ma anche a prevenire eventuali attacchi DDOS (Distribuited Denied of Service) che diverebbero isolati più facilmente.

Firewall e Router.

In questo disegno rappresentano uno dei punti critici della affidabilità del servizio. Innanzitutto occorre ricordare che nel nostro progetto occorre considerare sempre due caratteristiche importanti: la sicurezza e la riservatezza. Sono due caratteristiche che si contrappongono a quelle che invece caratterizzano la qualità del servizio (QoS). Ma la criticità del contesto configura in questo modulo il livello massimo di sicurezza.

Per quanto riguarda la configurazione dei routers, essi oltre ad essere presenti sempre in forma ridondante (per assicurare la continuità di servizio), devono tenere conto della pluralità di collegamenti (o dorsali) verso i maggiori Internet Service Provider. Quest'ultima caratteristica è fondamentale sia per risolvere il problema di congestione del traffico, che i problemi che possono derivare da attacchi di tipo distribuito (DDOS).

Perciò i firewalls (anzi la batteria di firewalls) configurerà la cosidetta Dual-homed Gateway Firewall

- consiste di un sistema host composto da:
    - un application gateway (che si occuperà di analizzare il contenuto dei pacchetti filtrati dai router di primo livello)

- o un packet filtering router (si occupano invece di filtrare qualsiasi pacchetto e protocollo che non interessa l'applicazione)

- questo crea una sottorete (detta DMZ: DeMilitarized Zone) che può essere usata per collocare information servers (WWW, mail,...) e batterie di router

- consente di bloccare completamente il traffico IP tra la rete interna e la rete protetta: i servizi di accesso ad Internet dalle postazioni interne sono forniti mediante proxy server collocati sul gateway o nella DMZ

Questi due elementi consentono di suddividere lo schema in compartimenti in modo da separare i vari ambienti, quello esterno dai web servers, questi ultimi dagli application servers e database servers.

Server.

Per elaborazioni di queste dimensioni è richiesto un elevato livello di disponibilità. Tale qualità deve coniugarsi con la semplicità di configurazione ed espansione per crescere insieme al livello di servizio richiesto.

Le soluzione cluster permettono un bilanciamento dinamico del carico, una tolleranza superiore degli errori e una scalabilità delle applicazioni basate su IP. Tale soluzione è perfetta per i server Web e FTP, i gateway VPN e le applicazioni basate su IP dove sono richiesti lunghi tempi di uptime.

Esistono configurazione per permettere di combinare server individuali in uno stesso cluster, ottenendo così un facile accesso alle risorse di rete più importanti quali dati, applicazioni e servizi. Se uno dei server del cluster smette di funzionare, un altro server prende automaticamente il suo carico.

Utilizzando Linux, che può essere installato su qualsiasi hardware che lo supporti, si ottiene una riduzione globale dei costi. Inoltre, supporta ambienti di rete diversi, il che significa che membri individuali del cluster possono eseguire altri sistemi operativi diversi basati su IP quali Solaris e Windows.

Poiché si tratta di tecnologia open source, si ha accesso ai codici sorgenti, e la si può adattare alle necessità per avere il pieno controllo sul sistema. Grazie a questa tecnologia, non si è più vincolati come spesso succede con le soluzioni di proprietà.

Può essere configurato in due modi:

- Nella modalità Failover Services (FOS) il sistema può essere configurato come cluster failover a due nodi, ideale per le applicazioni che richiedono ridondanza quali i firewall, i server Web statici, i DNS, i server di posta elettronica ecc.

- Nella modalità Linux Virtual Server (LVS) il sistema può essere configurato come cluster a N-nodi, composto da un bilanciatore di carico a due nodi collegato a un numero elevato di server cluster. Tale modalità è perfetta per le grosse infrastrutture Internet.

Caratteristiche:

Configurazione semplice: I Server sono configurati con il sistema operativo Linux. Questo sistema operativo ha una speciale classe di installazione che installa unicamente i pacchetti richiesti dalla soluzione cluster. Il programma di installazione procede in seguito alla configurazione dell'installazione, facendo risparmiare tempo e complicazioni.

Prestazioni e scalabilità superiori: Il numero di nodi nel cluster viene limitato unicamente dall'hardware e dalla rete utilizzati. Ciò significa che è scalabile per rispondere alla domanda crescente dai moderni ambienti IP estremamente dinamici. Il software ha caratteristiche cluster avanzate che forniscono alti rendimenti, compresa la capacità di configurare i server in modo che bypassino i bilanciatori di carico quando reindirizzano il traffico verso il client, aumentando così le prestazioni del cluster.

Flessibilità: Offre agli amministratori di sistema un'elevata flessibilità. Nella modalità LVS il prodotto supporta quattro metodi di bilanciamento del carico (Round Robin, Weighted Round Robin, Least Connections e Weighted Least Connections) e tre tecniche di inoltramento del traffico (IP Masquerading, Tunneling e Direct Routing). Virtualmente vengono supportati tutti i servizi IP famosi quali Web (http), email, FTP, LDAP, DNS e altri ancora.

Sicurezza: Ha caratteristiche incorporate di sicurezza ideate per difendere il sistema da eventuali attacchi esterni. Gli amministratori di sistema possono configurare dei blocchi che ridirezionano il traffico IP proveniente da un potenziale hacker verso un indirizzo sicuro. Inoltre, numerose tecniche di instradamento e ordinamento del traffico e indirizzi IP virtuali permettono all'utente di creare una barriera di sicurezza per la propria rete.

Gestione avanzata: I singoli nodi possono essere rimossi dalla rete per operazioni di manutenzione o di aggiornamento senza interrompere il servizio eliminando così costi di inattività.

Disponibilità: Si riduce notevolmente le probabilità di malfunzionamento del sistema rilevando velocemente i guasti ai componenti del server o alle applicazioni e reindirizzando il carico ai server rimanenti del cluster. Se uno o più server si bloccano, gli altri si attivano in pochissimo tempo.

Valore aggiunto: Il prodotto non richiede un sistema hardware sofisticato e diminuisce perciò il vostro costo globale di acquisto e di manutenzione del sistema

Middleware.

In generale, con il termine *middleware* si indica un insieme di componenti software che realizzano una *macchina virtuale* (ovvero un insieme di servizi fra loro coerenti e simulanti il comportamento di un unico elaboratore che fosse progettato per erogarli). La macchina virtuale è messa a disposizione delle applicazioni che la usano mediante chiamate ai servizi da questa offerti. Il *middleware* realizza la macchina virtuale usando servizi offerti da apparati *hardware* e *software* di livello più basso.

Generalmente si distingue fra due tipi di *middleware*: *middleware generalizzato* e *middleware orientato a specifici tipi di servizio*.

Il *middleware generalizzato* è il substrato della maggior parte delle interazioni tra componenti di un sistema informatico; include gli strumenti di comunicazione, i servizi di sicurezza, i servizi di indirizzamento, i meccanismi di sincronizzazione, i servizi di accodamento.

Fra i *middleware orientati a specifiche classi di servizio* ricordiamo:

- *middleware* per l'accesso a basi di dati, come *Open Data Base Connectivity – ODBC* e *Java Data Base Connectivity – JDBC,* che forniscono interfacce di programmazione per l'accesso a basi di dati da parte di applicazioni *software* in modo indipendente dalle caratteristiche fisiche dei singoli sistemi di gestione dei dati;

- *middleware* per la gestione di transazioni, come quello previsto dal modello *Distributed Transaction Processing – DTP* del consorzio *X/Open,* che specifica le modalità mediante le quali processi diversi possono fra loro collaborare per attuare transazioni distribuite.

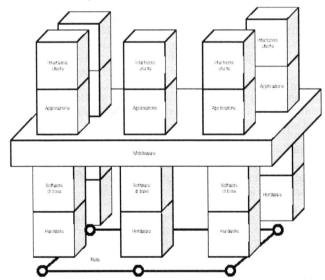

Nell'ambito del *Distributed Object Computing*, i *middleware* che permettono a un insieme di oggetti distribuiti di cooperare su una rete di calcolatori e che quindi costituiscono, nel loro complesso, una *infrastruttura a oggetti distribuiti*, affrontano quattro tematiche generali e distinte:

- il tema dell'accesso alle risorse informative e transazionali esistenti su sistemi *legacy*. I *middleware* che affrontano questo tema usano tecniche di *incapsulamento* di canali dati, di transazioni e di interfacce utente, al fine di presentare tali risorse come oggetti del tutto omogenei con quelli previsti dall'infrastruttura a oggetti distribuiti e fornenti servizi grazie ai quali le risorse *legacy* sono disponibili nel nuovo contesto tecnologico;

- il tema della produzione, a partire da servizi elementari offerti da oggetti realizzati *ex novo* o da oggetti incapsulanti risorse *legacy*, di nuovi servizi a valore aggiunto, secondo logiche transazionali o procedurali. I *middleware* che affrontano questo tema mettono a disposizione ambienti di realizzazione a oggetti distribuiti completi e danno supporto alla realizzazione di transazioni distribuite o di procedure composte da più passi attivabili mediante scambio di messaggi, mascherando in modo più o meno completo e affidabile la distribuzione e l'eterogeneità della piattaforma hardware e software sottostante;

- il tema della diffusione dei servizi elementari e dei servizi a valore aggiunto a vaste e diversificate popolazioni di utenti. I *middleware* di maggiore popolarità che attualmente affrontano questa tematica sono costituiti dalle tecnologie basate su *Web*, che prevedono l'erogazione dei servizi all'utenza, dotata di stazioni di lavoro complete di *Web browser*, mediante nodi logici di diffusione (*siti Web*), raggiungibili tramite reti *Internet*, *Intranet* o *Extranet*;

- Il tema della rappresentazione e del trattamento dei dati di interesse in modo uniforme, flessibile e indipendente dai meccanismi logico-fisici con i quali le informazioni sono organizzate presso le diverse organizzazioni che collaborano nell'ambito del sistema. In tale contesto stanno assumendo sempre maggiore importanza le tecnologie basate sull'impiego di linguaggi standard di marcatura come *eXtensible Mark up Language – XML* definito dal consorzio *W3C*. Mediante tale approccio standard, è possibile fornire specifiche formali e elaborabili automaticamente delle classi di dati di interesse nell'ambito di interazioni fra oggetti cooperanti, etichettare le corrispondenti istanze e fornire direttive per la loro elaborazione e presentazione all'utenza. La rapida diffusione nell'adozione di questa famiglia di standard da parte di tutte le tecnologie di gestione di risorse, di elaborazione e di diffusione di informazioni e il fiorire di un ricchissimo mercato di strumenti e ambienti su questi basati, rendono *XML* una soluzione estremamente interessante per la realizzazione a costi limitati di sistemi flessibili e che richiedano basso accoppiamento fra le organizzazioni che cooperano per il loro esercizio.

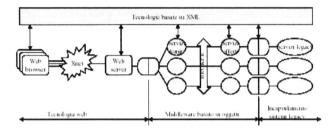

Il ruolo che le quattro classi tecnologiche hanno è quindi il seguente:

- i *middleware* generalizzati a oggetti realizzano la macchina virtuale che permette la progettazione e la realizzazione di un sistema distribuito come costituito da più oggetti applicativi fra loro cooperanti; nello sviluppo applicativo il sistema è modellato secondo un paradigma a oggetti, che promuove la modularità, la riusabilità e la manutenibilità e le problematiche proprie della distribuzione del sistema sulla rete di calcolatori sono affrontate dal *middleware* generalizzato a oggetti e da chi, a livello sistemistico, è chiamato a configurarlo e ottimizzarlo;

- le tecnologie basate su *Web* permettono la diffusione dei servizi informativi e transazionali offerti dagli oggetti di cui il sistema distribuito si compone su reti *Internet, Intranet* o *Extranet.*

- Tali tecnologie costituiscono il mezzo più moderno di diffusione dei servizi all'utenza, sia per la praticità e la gradevolezza dell'interfaccia utente offerta, sia per l'economicità del supporto all'esercizio;

- le tecnologie di incapsulamento di sistemi *legacy* permettono di ottenere oggetti applicativi corrispondenti ai servizi transazionali (incapsulamento di transazioni host esistenti) o ai servizi informativi (incapsulamento di accesso a archivi di dati esistenti) offerti dai sistemi *legacy*; in questo modo i servizi offerti dai sistemi esistenti possono essere sfruttati nel nuovo contesto tecnologico, valorizzando gli investimenti pregressi e permettendo l'adozione di percorsi di migrazione graduali dalle vecchie alle nuove architetture;

- le tecnologie basate su linguaggi di marcatura consentono, da una parte, il disaccoppiamento del dominio dei concetti di interesse dal modo con il quale questo si materializza nei patrimoni informativi delle organizzazioni cooperanti e, dall'altra, la netta separazione fra i dati oggetto di elaborazione e le politiche con le quali i dati debbono essere presentati all'utenza, diminuendo quindi l'impatto che variazioni di carattere formale, non sostanziale, possono avere sul sistema distribuito stesso.

Conclusioni.

E' stato presentato uno schema per il voto elettronico che tiene conto soprattutto delle proprietà di riservatezza, verificabilità e incoercibilità. L'implementazione, che deriva dallo schema di Hirt-Sako 2000 già efficiente e conforme alle proprietà sopracitate, è stata pensata per diminuire il traffico di bits che devono essere scambiati tra gli attori del sistema e la grandezza dei calcoli da effettuare. Nonostante ciò la quantità di informazioni rimane alta, ma rimane un problema non facilmente eliminabile, perché è grazie a questa mole di dati che è possibile verificare la validità del voto e rispettare le proprietà citate. Forse adottando altri algoritmi di crittografia potrà essere migliorato.

Il focus rimane comunque sulle proprietà omomorfe del metodo crittografico presentato, in particolar modo alla possibilità di verifica diretta dell'elettore sulla validità del suo voto. Se in futuro si troverà un canale di comunicazione sicuro sarà possibile implementare un sistema elettorale molto più snello e leggero.

A tal proposito si ribadisce il concetto di "modularità" applicato a questo progetto, per cui sarà possibile in qualsiasi momento sostituire o modificare alcuni componenti senza stravolgere tutto il sistema.

Grande attenzione viene, inoltre, rivolta alla facilità d'uso, all'accessibilità, all'aspetto grafico ed alla navigazione dell'applicazione; non deve essere trascurato il concetto di non ambiguità nella presentazione delle scelte di voto ed alla conferma della selezione effettuata, per evitare possibili ripercussioni politiche sul voto.

Bibliografia.

http://www.e-democracy.org/

http://www.free-project.org/

http://www.votehere.com/

http://www.true-vote.net/

The Caltech/MIT Voting Technology Project1

Josh Cohen Benaloh. Verifiable Secret Ballot Elections. PhD thesis, Yale University, 1987.

Colin Boyd. A new multiple key cipher and an improved voting scheme.

Josh Cohen Benaloh and Dwight Tuinstra. receipt-free secret-ballot elections (extended abstract). Proc. 26th ACM Symposium on the Theory of Computing (STOCK), 1994.

Josh Cohen Benaloh and Moti Yung. Distributing the power of the governement to enhance the privacy of voters (extended abstract). 1986.

Ran Canetti, Cynthia Dwork, Moni Naor, and Rafail Ostrovsky. Deniable encryption.

Ronald Cramer, Rosario Gennaro, and Berry Schoenmakers. A secure and optimally e_cient multi-authority election scheme. Advances in Cryptology - EUROCRYPT, 1997.

David L. Chaum. Untraceable electronic mail, return address, and digital pseudonym. Communication of ACM 24, Feb 1981.

David L. Chaum. Elections with unconditionally-secret ballots and disruption equivalent to breaking rsa. EUROCRYPT'88, 1988.

Ivan Damgard and Mads Jurik. A generalization, a simplification and some applications of paillier's probabilistic public-key cryptosystem. BRICS, 2001.

Ivan B. Damgard and Maciej Koprowski. Practical threshold rsa signatures without a trusted dealer. BRICS RS-00-30, November 2000.

Vic DeLorenzo and Yiosiang Liow. The mathematics of cryptography: Discrete logarithm and elliptic curves. 2001.

Atsushi Fujioka, Tatsuaki Okamoto, and Kazuo Ohta. A practical secret voting scheme for large scale elections. Advaced in Cryptology - AUSCRYPT'92, 1992.

Pierre-Alain Fouque, Guillaume Poupard, and Jacques Stern. Sharing decryption in the context of voting or lotteries. Financial Cryptography 2000, LNCS, Springer-Verlag, 2000.

Rosario Gennaro, Stanislav Jarecki, Hugo Krawczyk, and Tal Rabin. Secure distributed key generation for discrete-log based cryptosystems. EUROCRYPT'99, 1999.

Martin Hirt and Kazue Sako. E_cient receipt-free voting based on homomorphic encryption. EUROCRYPT 2000, 2000.

Kenneth R. Iversen. A cryptographic scheme for computerized general elections. Advances in Cryptology - CRYPTO'91, 1991.

Wen-Sheng Juang and Chin-Laung Lei. A secure and practical electronic voting scheme for real world environment. IEICE Trans. On Fundamentals, E80-A(1), January 1997.

Wen-Sheng Juang and Chin-Laung Lei. Partially blind threshold signatures based on discrete logarithm. Computer Communications 22 (1999), pages 73–86, 1999.

Wen-Sheng Juang, Chin-Laung Lei, and Pei-Ling Yu. A verifiable multi-authorities secret elections allowing abstaining from voting. International Computer Symposium, Tainan, Taiwan, 1998.

Byoungcheon Lee and Kwangjo Kim. Receipt-free electronic voting through collaboration of voter and honest verifier. 2000.

Menezes, P. van Oorshot, and S. Vanstone. Handbook of Applied Cryptography. CRC Press, 1996.

Tatsuaki Okamoto. Receipt-free electronic voting scheme for large scale election. Proc. of Workshop on Security Protocols'97, LNCS(1361), 1997.

Choonsik Park, Kazutomo Itoh, and Kaoru Kurosawa. Efficient anonymous channel and all/nothing election scheme. Advances in Cryptology - EUROCRYPT'93, Springer-Verlag:248–259, 1993.

Michael J. Radwin. An untraceable, universally verifiable voting scheme. 1995.

Berry Schoenmakers. A simple publicly verifiable secret sharing scheme and its application to electronic voting. Advances in Cryptology - CRYPTO, 1666 of Lecture Notes in Computer Science:148– 164, 1999.

Adi Shamir. How to share a secret. Communications of the ACM, 22:612–613, 1979.

Kazue Sako and Joe Kilian. Secure voting using partially compatible homomorphisms. Advances in Cryptology - CRYPTO'94, Springer- Verlag:411– 424, 1994.

Kazue Sako and Joe Kilian. Receipt-free mix-type voting scheme – a practical solution to the implementation of a voting booth. Advances in Cryptology - EUROCRYPT'95, 1995.

Appendice.

Questa sezione contiene il codice Java utilizzato per testare l'affidabilità dell'algoritmo di ElGamal modificato per rispondere alle specifiche descritte nei capitoli precedenti.

Le due classi consentono di effettuare sia la codifica che la decodifica di testi in chiaro, utilizzando parametri a scelta dell'utente.

In particolare la porzione di codice che codifica è quella che farà parte del software client che l'elettore utilizzerà per codificare la sua scelta di voto, mentre la parte che decodifica sarà quella utilizzata dalle autorità per decifrare la somma dei voti calcolata dal verificatore.

Il Codice.

Test.java

```
import java.awt.*;          // Classe per disegnare
import java.awt.event.*;    // le finestre per eseguire
import javax.swing.*;       // il test dell'algoritmo
import java.util.*;         // di ElGamal
import java.io.*;

public class Test extends JFrame implements ActionListener
{
    private Container mainContainer;
    private JDesktopPane mainPane;
    private JMenuBar menuBar;
    private JMenu fileMenu;
    private JMenuItem exitMenuItem;
    private final int startx=50, starty=0;
    private final int width=1024, height=768;

    public Test()
    {
        super("Test Algoritmo di ElGamal");

        try
        {
            UIManager.setLookAndFeel(UIManager.getSystemLookAndFeelClassName());
        }
        catch (Exception e) {}

        mainContainer = getContentPane();
        mainContainer.setLayout(new BorderLayout(5,5));
        mainPane = new JDesktopPane();
        mainPane.setBackground(new Color(0,0,100));
        exitMenuItem = new JMenuItem("Exit");
        exitMenuItem.addActionListener(this);
        exitMenuItem.setMnemonic('X');
        fileMenu = new JMenu("File");
        fileMenu.setMnemonic('F');
        fileMenu.add(exitMenuItem);
        menuBar = new JMenuBar();
        menuBar.add(fileMenu);
        setJMenuBar(menuBar);
        ElGamal elgamal = new ElGamal();
        elgamal.setLocation(50,0);
        mainPane.add(elgamal,1);
        mainPane.moveToFront(elgamal);
        mainContainer.add(mainPane);
        setSize(width,height);
        show();
    }

    public void actionPerformed(ActionEvent e)
    {
        if (e.getSource()==exitMenuItem)
        {   System.exit(0);        }
        repaint();
    }

    public static void main(String args[])
    {
        Test app = new Test();
        app.addWindowListener(
            new WindowAdapter()
            {
                public void windowClosing(WindowEvent e)
                {   System.exit(0);        }
            }
        );
    }
}
```

ElGamal.java

```java
import java.awt.*;              //    Classe per eseguire
import java.awt.event.*;        //    l'algoritmo di ElGamal
import javax.swing.*;           //    codifica e decodifica
import java.util.*;
import java.io.*;
import java.math.*;

public class ElGamal extends JInternalFrame implements ActionListener
{
    // Inizio Parametri

    private JTextField bTextField;
    private JTextField cTextField;
    private JTextField pTextField;
    private JTextField rTextField;

    // Fine Parametri

    private JButton encryptButton, decryptButton, loadButton, saveButton;
    private JTextArea inputTextArea, outputTextArea;
    private JPanel parameterPanel, textPanel, inputPanel, outputPanel, topInputPanel, topOutputPanel;
    private Container mainContainer;
    private final int width=400, height=600;
    private boolean casechange=false, clean=false;

    public ElGamal()
    {
        super("Inserire i valori", true, true, true, true);
        mainContainer = getContentPane();
        mainContainer.setLayout(new BorderLayout(0,0));
        bTextField = new JTextField(5);
        cTextField = new JTextField(5);
        pTextField = new JTextField(5);
        rTextField = new JTextField(5);

        // Inizio Parametri del Pannello

        parameterPanel = new JPanel();
        parameterPanel.add(new JLabel("b="));
        parameterPanel.add(bTextField);
        parameterPanel.add(new JLabel("c="));
        parameterPanel.add(cTextField);
        parameterPanel.add(new JLabel("p="));
        parameterPanel.add(pTextField);
        parameterPanel.add(new JLabel("r="));
        parameterPanel.add(rTextField);

        // Fine Parametri del Pannello

        // Inizio Pannello di Input

        loadButton = new JButton("Load");
        loadButton.addActionListener(this);

        topInputPanel = new JPanel();
        topInputPanel.add(new JLabel("Inserire testo oppure "));
        topInputPanel.add(loadButton);

        inputTextArea = new JTextArea();
        inputTextArea.setAutoscrolls(true);
        inputTextArea.setLineWrap(true);
        inputTextArea.setWrapStyleWord(true);

        inputPanel = new JPanel();
        inputPanel.setLayout(new BorderLayout(0,0));

        inputPanel.add(topInputPanel,BorderLayout.NORTH);
        inputPanel.add(new JScrollPane(inputTextArea, JScrollPane.VERTICAL_SCROLLBAR_AS_NEEDED,
                        JScrollPane.HORIZONTAL_SCROLLBAR_NEVER),BorderLayout.CENTER);

        // Fine Pannello di Input
```

```
// Inizio Pannello d'Output

encryptButton = new JButton("Cifrare");
encryptButton.addActionListener(this);
decryptButton = new JButton("Decifrare");
decryptButton.addActionListener(this);
saveButton = new JButton("Save");
saveButton.addActionListener(this);

topOutputPanel = new JPanel();
topOutputPanel.add(encryptButton);
topOutputPanel.add(new JLabel(" o "));
topOutputPanel.add(decryptButton);
topOutputPanel.add(new JLabel(" o "));
topOutputPanel.add(saveButton);

outputTextArea = new JTextArea();
outputTextArea.setAutoscrolls(true);
outputTextArea.setLineWrap(true);
outputTextArea.setWrapStyleWord(true);
outputTextArea.setEditable(false);

outputPanel = new JPanel();
outputPanel.setLayout(new BorderLayout(0,0));

outputPanel.add(topOutputPanel,BorderLayout.NORTH);
outputPanel.add(new JScrollPane(outputTextArea, JScrollPane.VERTICAL_SCROLLBAR_AS_NEEDED,
            JScrollPane.HORIZONTAL_SCROLLBAR_NEVER),BorderLayout.CENTER);

// Fine Pannello d'Output

textPanel = new JPanel();
textPanel.setLayout(new GridLayout(2,1));

textPanel.add(inputPanel);
textPanel.add(outputPanel);

mainContainer.add(parameterPanel, BorderLayout.NORTH);
mainContainer.add(textPanel, BorderLayout.CENTER);

setSize(width,height);
setLocation(450,0);
show();
}
public String cleanString(String toClean)
{
    //   Pulisce la stringa di caratteri

    String returnString = new String();

    for(int i=0;i<toClean.length();i++)
    {
        if (Character.isLetter(toClean.charAt(i)) == true)
            returnString = returnString + toClean.charAt(i);
    }

    return returnString;
}

public void actionPerformed(ActionEvent e)
{
    //   Routine di controllo

    outputTextArea.setText("");
```

```
if(e.getSource()==encryptButton)
{
    //   Codice che effettua la codifica
    String toEncrypt = new String(inputTextArea.getText());
    BigInteger B = new BigInteger(bTextField.getText());
    BigInteger C = new BigInteger(cTextField.getText());
    BigInteger P = new BigInteger(pTextField.getText());
    BigInteger R = new BigInteger(rTextField.getText());
    BigInteger Q = new BigInteger("0");
    BigInteger Y = new BigInteger("0");
    Q = P.subtract(BigInteger.ONE);
    System.out.println(B.modPow(Q,P).intValue());
    if(B.modPow(Q,P).intValue()!=1)
        outputTextArea.setText("B non è un numero primo vicino a P");
    else
    {
        if(toEncrypt.length()%2!=0);
            toEncrypt = toEncrypt + "0";
        char charArray[] = toEncrypt.toCharArray();
        String s = new String();
        for(int i=0;i<toEncrypt.length()-1;i+=2)
        {
        BigInteger X = new BigInteger(""+(((int)charArray[i]-48)*10+(int)charArray[i+1]-48));
            Y = X.multiply(C.pow(R.intValue()));
            Y = Y.mod(P);
            s = s + Y.toString() + ", ";
        }
        char charAr[] = s.toCharArray();
        charAr[s.length()-1] = ' ';
        charAr[s.length()-2] = ' ';
        outputTextArea.setText(new String(charAr));
    }
}

else if(e.getSource()==decryptButton)
{
    //   Codice che effettua la decodifica
    String toDecrypt = new String(inputTextArea.getText());
    BigInteger B = new BigInteger(bTextField.getText());
    BigInteger C = new BigInteger(cTextField.getText());
    BigInteger P = new BigInteger(pTextField.getText());
    BigInteger R = new BigInteger(rTextField.getText());
    BigInteger Q = new BigInteger("0");
    BigInteger Y = new BigInteger("0");
    String s = new String();
    char charArray[] = toDecrypt.toCharArray();
    StringTokenizer st = new StringTokenizer(inputTextArea.getText(), "();., ");
        while (st.hasMoreTokens())
        {
            BigInteger V = new BigInteger(st.nextToken());
            Q= C.modPow(R,P);
            Q= Q.modInverse(P);
            Q = V.multiply(Q).mod(P);
            if(Q.toString().length()==1)
                s = s + "0" + Q.toString();
            else
                s = s + Q.toString();
        }
    outputTextArea.setText(s);
}
```

```
else if (e.getSource()==loadButton)
{
    //    Codice per caricare il testo da un file

    JFileChooser fileChooser = new JFileChooser();
    JOptionPane optionPane;
    BufferedReader file;
    int dialogvalue;
    String temp;

    try
    {
        dialogvalue = fileChooser.showOpenDialog(mainContainer);
        repaint();
        if (dialogvalue == fileChooser.CANCEL_OPTION || dialogvalue == fileChooser.ERROR_OPTION)
        {
            optionPane = new JOptionPane();
            optionPane.showMessageDialog(mainContainer, "File non caricato.");
        }
        else
        {
            file = new BufferedReader(new FileReader(fileChooser.getSelectedFile()));
            inputTextArea.setText("");
            while ((temp = file.readLine()) != null)
                inputTextArea.setText(inputTextArea.getText()+temp+"\n");
            file.close();
        }
    }
    catch (Exception ex)
    {
        optionPane = new JOptionPane();
        optionPane.showMessageDialog(mainContainer, "Errore");
    };
}

else if (e.getSource() == saveButton)
{
    //    Codice per salvare il testo in un file

    JFileChooser fileChooser = new JFileChooser();
    JOptionPane optionPane;
    BufferedWriter file;
    int dialogvalue;

    try
    {
        dialogvalue = fileChooser.showOpenDialog(mainContainer);
        repaint();
        if (dialogvalue == fileChooser.CANCEL_OPTION || dialogvalue == fileChooser.ERROR_OPTION)
        {
            optionPane = new JOptionPane();
            optionPane.showMessageDialog(mainContainer, "File non caricato.");
        }
        else
        {
            file = new BufferedWriter(new FileWriter(fileChooser.getSelectedFile()));
            file.write(outputTextArea.getText());
            file.close();
        }
    }
    catch (Exception ex)
    {
        optionPane = new JOptionPane();
        optionPane.showMessageDialog(mainContainer, "Errore");
    };
}

    }
}
```